Masanobu Fukuoka
Der große Weg hat kein Tor

Der Titel der bei Hakujusha Co., Ltd., Tokio
erschienenen Originalausgabe lautet:
Shizen Noho Wara Ippeon No Kakumei
Die Übersetzung ins Deutsche erfolgte
nach der bei Rodale Press
erschienenen amerikanischen Ausgabe:
One Straw Revolution

Die Zeichnung auf Seite 6 wurde uns freundlicherweise
von Herrn Johann Faltermeier überlassen.

ISBN: 3-923176-71-6
Deutsche Übersetzung:
Cecile Sprenger/Ronald Steinmeyer
Lektorat: Christine Waßmann
Copyright 1975 by Masanobu Fukuoka
Copyright der deutschen Ausgabe: pala-verlag gmbh 1990
Alle Rechte vorbehalten
Umschlaggestaltung: Heine Design, Darmstadt
Titelzeichnung: Regina Eimler
Druck: Paderborner Druck Centrum

Inhalt

Kapitel I

Kapitel II

Kapitel III

Kapitel IV

Kapitel V

Über die Arbeit von Masanobu Fukuoka gibt es einen Videofilm.
Nähere Informationen bei:

pala-verlag
Postfach 51
6117 Schaafheim

Vorbemerkung zur Neuauflage

Wieviele für die Menschheit bedeutende Revolutionen mögen wohl stattgefunden haben, ohne daß die Weltöffentlichkeit auch nur die geringste Notiz davon genommen hätte? Wieviele mögen gescheitert, wieviele geglückt sein?

Der japanische Bauer und Philosoph Masanobu Fukuoka hat die Landwirtschaft revolutioniert, und das schon vor mehr als 50 Jahren. Schon damals, als die wirklich großen industriellen Umwälzungen in der Landwirtschaft mit ihren verheerenden, immer deutlicher zutage tretenden Folgen für die Natur noch bevorstanden, erkannte er, daß nur wenige landwirtschaftliche Techniken wirklich notwendig sind. Er vertraute einfach der Vollkommenheit der Natur.

Seit einem halben Jahrhundert pflügt er seine Felder nicht, jätet kein Unkraut und verzichtet auf Herbizide, er sät nicht säuberlich in Reihen aus, sondern verteilt die Samen breitwürfig auf dem Boden. Er benutzt keine Maschinen, keine Schädlingsbekämpfungsmittel, weder künstliche Dünger, noch vorbereiteten Kompost. Seine Ernten sind reichhaltig und können sich mit denen „normaler" Bauern durchaus messen, sein Boden ist durch und durch gesund, Flora und Fauna von üppiger Vielfalt.

Warum und wie er *Natürliche Landwirtschaft* praktiziert, das hat Fukuoka schon früh in etlichen Veröffentlichungen überzeugend dargelegt. Doch der Prophet gilt nichts im eigenen Land - in Japan wurde lange Zeit nur wenig Notiz von seinen Ideen genommen.

In den 70er Jahren dann machten sich einige amerikanische Studenten, die eine Zeit lang bei Fukuoka gelebt und gearbeitet hatten, daran, das Buch, in dem er über die Grundlagen seiner Philosophie und der sich daraus ergebenden *Natürlichen Landwirtschaft* geschrieben hatte, aus dem Japanischen ins Amerikanische zu übertragen. 1978 erschien in Amerika die erste Auflage von *The One Straw Revolution* (die deutsche Fassung - *Der Große Weg hat kein Tor* - erschien dann 1983 im pala-verlag). Seither machen sich Studenten, Wissenschaftler, Landwirte und andere interessierte Menschen aus allen Teilen der Erde auf den Weg zu ihm, um ihn zu besuchen oder bei ihm zu leben und zu arbeiten.

Er trug seine Botschaft auch persönlich in die ganze Welt. In Somalia half er einheimischen Bauern, ihr verdorrtes Land in grüne

Felder zurückzuverwandeln, in Indien wird er gefeiert, weil seine Methode, mit einfachsten Mitteln und im Einklang mit der Natur Landwirtschaft zu betreiben, auch den ärmsten Bauern wieder eine Perspektive eröffnet hat - ganz im Geiste Gandhis. Er wurde zu Vortragsreisen nach Europa und in die Vereinigten Staaten eingeladen, dorthin also, wo die Landwirtschaft hochproduktiv arbeitet, und gerade hier vertrat er seine Ansichten, die denen des Westens diametral entgegenlaufen, mit großer Bestimmtheit: „Es gibt viele Gemeinsamkeiten zwischen Afrika und dem Westen der USA", sagte er, „auch in Amerika wird die Verwüstung und Verödung des Bodens weiter fortschreiten, wenn die Bauern auf ihren Methoden beharren. Künstliches Düngen ist falsch, der Einsatz von Pestiziden ist falsch, die Bewässerung durch Berieselungsanlagen ist falsch, Bodenbearbeitung ist falsch - all dies ist genauso falsch wie die Philosophie, die der gesamten westlichen Zivilisation zugrunde liegt."

1988 wurde dem nun bald 80jährigen Masanobu Fukuoka der *Ramon Magsaysay Award* verliehen. Diese Auszeichnung, die im Fernen Osten eine ähnlich große Bedeutung hat wie bei uns der Friedensnobelpreis, wurde ihm zuerkannt, weil er einen weltweit bedeutenden Beitrag zum Wohle der Menschheit geleistet habe.

In seiner Dankesrede forderte Fukuoka alle Regierungen der Welt auf, sich zusammenzutun in dem Bemühen, unsere Natur und unsere Lebensgrundlagen zu bewahren.

Wir bringen, sieben Jahre nach der deutschen Erstveröffentlichung, *Der Große Weg hat kein Tor* in einer überarbeiteten Fassung neu heraus, weil wir damit unterstreichen wollen, wie wichtig Fukuokas Botschaft auch für uns ist. Wir können es uns nicht leisten, die ungeheure Bedeutung von Fukuokas lebenslanger Arbeit noch länger zu ignorieren.

Christine Waßmann, August 1990

Vorwort

Wer von diesem Buch erwartet, daß es nur von Ackerbau handelt, wird überrascht sein, wenn er feststellt, daß es auch ein Buch über Ernährung, über Gesundheit, über kulturelle Werte, über die Grenzen menschlichen Wissens ist. Andere, die Philosophie suchen, finden es voll mit praktischem Wissen über Reis- und Wintergetreideanbau, über Zitrusfrüchte und Gartengemüse auf einem japanischen Bauernhof.

Genau diese Erwartungshaltungen - wir haben gelernt, mit Spezialistentum zu leben, und wir haben gelernt, daß Bücher nur ein einziges Thema haben - sind der Grund, warum wir den „Großen Weg" gehen sollten. Dieses Buch ist wertvoll für uns, denn es ist praktisch und philosophisch zugleich. Es ist ein inspirierendes, notwendiges Buch über Landwirtschaft, weil es nicht *nur* von Landwirtschaft handelt.

Sachkundige Leser wissen natürlich, daß Fukuokas Techniken nicht direkt auf unsere Verhältnisse übertragbar sind. Es wäre aber ein Fehler, anzunehmen, daß deshalb die praktischen Passagen dieses Buches für uns wertlos sind. Sie verdienen unsere Aufmerksamkeit, weil sie ein sehr gutes *Beispiel* für das liefern, was man tun kann, wenn Boden, Klima und Feldfrüchte mit wachem Interesse, offenen Augen und Sensibilität studiert werden. Sie sind auch wertvoll für uns, weil sie anregend und inspirierend sind. Jeder Bauer oder Gärtner wird beim Lesen mit seinen Gedanken immer wieder abschweifen zu seinen eigenen Feldern, zu seinem eigenen Garten. Er wird Zusammenhänge erkennen und Verbindungen ziehen zum ganzen System westlicher Landwirtschaft.

Wie viele Menschen auch bei uns, aber viel früher, hat Fukuoka erkannt, daß wir die verschiedenen Aspekte des Lebens nicht voneinander isolieren können. Wenn wir die Art und Weise ändern, in der wir unsere Nahrung anbauen, ändern wir unsere Nahrung, ändern wir die Gesellschaft, ändern wir unsere Werte. Und so handelt dieses Buch davon, aufmerksam auf Zusammenhänge, Ursachen und Wirkungen zu achten und nach eigenem Wissen Verantwortung zu übernehmen.

Wer mit der Literatur über organischen Gartenbau vertraut ist, erkennt die Parallelen in der Entwicklung von Masanobu Fukuoka und von Sir Albert Howard, einem der Begründer der Wissenschaft vom ökologischen Gartenbau im Westen. Wie Howard begann Fukuoka als Laborwissenschaftler und wie dieser erkannte er bald die Begrenzungen des Laboratoriums. Howard verlagerte seine Arbeit vom Labor aufs Feld und veränderte so sein Leben. Ihm wurde bewußt, daß er seinen eigenen Rat befolgen mußte, bevor er ihn anderen Leuten anbieten konnte. Fukuoka sieht seinen eigenen Weg genauso: „Schließlich beschloß ich, meinen Gedanken eine Form zu geben, sie in die Praxis umzusetzen, und so herauszubekommen, ob mein Verständnis richtig oder falsch war. Mein Leben mit Ackerbau zu verbringen... das war der Weg, auf den ich mich begab." Und er sagt: „Anstatt hundert Erklärungen anzubieten, ist es nicht das Beste, dem Großen Weg zu folgen?" Wenn der Spezialist sich entscheidet, seinen eigenen Rat zu befolgen und zu tun beginnt, was er predigt, durchbricht er die Mauern seiner eigenen Spezialisierung. Wir hören ihm dann intensiver zu als vorher, weil er mit Autorität spricht - nicht nur aus seinem Wissen heraus, sondern aus Wissen und Erfahrung.

Wenn Fukuoka von dem spricht, was er seine *Nichts-Tun-Landwirtschaft* nennt, könnten wir an Matthäus 6,26 denken: „Betrachtet die Vögel des Himmels! Sie säen nicht, sie ernten nicht, und euer himmlischer Vater ernährt sie doch." Meiner Ansicht nach soll uns dies an unseren angemessenen Platz in der Ordnung der Dinge erinnern: Wir erschufen weder die Welt, noch uns selbst. Wir leben durch Nutzung des Lebens, nicht durch dessen Erschaffung. Natürlich kann aber ein Bauer nicht ohne Arbeit leben, genau wie ein Vogel nach seiner Nahrung suchen muß. Eine Tatsache, die Fukuoka mit dem ihm eigenen Humor bestätigt: „Ich bin ein Vertreter der Nichts-Tun-Landwirtschaft, und deshalb kommen viele Leute, die denken, sie finden hier ein Utopia vor, wo man leben kann, ohne jemals aus dem Bett steigen zu müssen. Diese Leute sind dann sehr überrascht." Fukuoka wendet sich nicht gegen die Arbeit, sondern gegen *unnötige* Arbeit. Menschen arbeiten manchmal mehr als nötig für Dinge, die sie sich wünschen, und manche Dinge, die sie sich wünschen, brauchen sie nicht.

„Mein Denkansatz war: Wie wäre es, dies und jenes *nicht* zu tun?" Das ist die lehrreiche Widerspenstigkeit von Kindern und bestimmten alten Leuten, sie mißtrauen mit Recht einem „Intellektualismus", der voranschreitet, ohne zu fragen „Wofür?".

Fukuoka ist ein Wissenschaftler, der Wissenschaft gegenüber argwöhnisch ist - oder gegenüber dem, was zu oft als Wissenschaft gilt. Das bedeutet nicht, daß er unpraktisch ist oder Wissen mißachtet. Sein Mißtrauen resultiert in der Tat aus seiner Praxis und aus dem, was er weiß. Wie Sir Albert Howard verdammt Fukuoka die Zergliederung des Wissens durch Spezialisierung. Wie Howard möchte er sein Thema in der Gesamtheit verfolgen, und er vergißt niemals, daß die Gesamtheit sowohl das beinhaltet, was er weiß, als auch das, was er nicht weiß. Was er an den modernen Wissenschaften fürchtet, ist deren Geringschätzung von Geheimnissen, ihre Bereitschaft, das Leben darauf zu reduzieren, was darüber bekannt ist und in der Annahme zu handeln, daß das, was sie nicht wissen, ruhig ignoriert werden kann. „Natur, wie sie von der Wissenschaft begriffen wird", sagt er, „ist eine Natur, die zerstört worden ist. Sie ist ein Geist, der ein Skelett besitzt, aber keine Seele." Dies läßt an ein ähnliches Mißtrauen denken, das in unserer eigenen Tradition in diesen Zeilen von *Wordsworth* zum Ausdruck kommt:

Unser aufdringlicher Intellekt
verunstaltet die schönsten Formen der Dinge -
wir morden, um zu sezieren.

Fukuokas Wissenschaft beginnt und endet in Ehrfurcht - im Bewußtsein, daß der menschliche Zugriff notwendigerweise alles herabsetzt, was er zu fassen bekommt. Es ist nicht das Wissen, so scheint er zu meinen, das uns den Sinn für das Ganze gibt, sondern die Freude, die wir nur durch Nicht-Fassen empfinden können. Wir finden ähnliches in einigen Passagen der Bibel und bei *William Blake*:

Wer eine Freude festzuhalten sucht,
zerstört das beflügelte Leben.
Wer aber die Freude küßt in ihrem Flug,
lebt im Sonnenaufgang der Ewigkeit.

Es ist diese Anmut, die der Ursprung von Fukuokas landwirtschaftlichen Einsichten ist: „Wer versteht, daß man Freude und Glück in der Anstrengung verliert, sie zu besitzen, begreift das Wesen naturgemäßer Landwirtschaft."
Und diese Natürliche Landwirtschaft, deren Quelle und Mündung Ehrfurcht ist, ist durch und durch menschlich und human. Menschen arbeiten am besten, wenn sie zum Wohle des Menschen arbeiten, nicht für „höhere Produktion" oder „gesteigerte Effizienz", die das fast ausschließliche Ziel industrieller Landwirtschaft sind. „Das oberste Ziel der Landwirtschaft", sagt Fukuoka, „ist nicht der Anbau

von Feldfrüchten, sondern die Förderung und Vervollkommnung des Menschen." Und er spricht von Landwirtschaft als einem Weg „hier zu sein, für ein kleines Feld zu sorgen, ganz erfüllt zu sein von der Freiheit und Vielfalt eines jeden Tages - das muß der ursprüngliche Weg der Landwirtschaft gewesen sein." Eine Landwirtschaft, die heil ist, nährt die ganze Person, Körper und Seele. Wir leben nicht von Brot allein.

Wendell Berry

Einführung

In der Nähe eines kleinen Dorfes auf der Insel Shikoku im Süden Japans hat Masanobu Fukuoka eine Methode der natürlichen Landwirtschaft entwickelt, die dazu beitragen könnte, das zerstörerische Moment moderner Landwirtschaft umzukehren. Natürliche Landwirtschaft erfordert keine Maschinen, keine Chemikalien und sehr wenig Unkrautjäten. Fukuoka pflügt die Erde nicht und benutzt auch keinen fertigen Kompost. Im Gegensatz zu den jahrhundertealten Praktiken der Bauern im fernen Osten und überall auf der Welt setzt er seine Reisfelder während der Wachstumszeit nicht unter Wasser. Der Boden auf seinen Feldern ist seit über 25 Jahren ungepflügt, und doch sind die Erträge gut, sie sind mit denen der produktivsten Gegenden Japans vergleichbar. Seine Anbaumethode erfordert weniger Arbeit als irgendeine andere. Sie verschmutzt die Umwelt nicht und ist nicht auf den Verbrauch fossiler Brennstoffe angewiesen.

Als ich zum ersten Mal Geschichten über Fukuoka hörte, war ich skeptisch. Wie konnte es möglich sein, jedes Jahr einfach durch Ausstreuen des Samens auf die Oberfläche eines ungepflügten Feldes Reis und Wintergetreide anzubauen? Da mußte mehr dahinterstecken.

Mehrere Jahre hatte ich mit Freunden auf einer Farm in den Bergen nördlich von Kyoto gelebt. Wir wandten die traditionellen Methoden der japanischen Landwirtschaft an, um Reis, Roggen, Gerste, Sojabohnen und verschiedene Gartengemüse anzubauen. Besucher, die zu uns auf die Farm kamen, sprachen oft von der Arbeit Fukuokas. Zwar war keiner von ihnen lange genug auf seiner Farm gewesen, um seine Arbeitstechnik detailliert zu lernen, aber ihre Erzählungen machten mich neugierig.

Wann immer es unser Arbeitsplan zuließ, reiste ich in andere Teile des Landes, besuchte Farmen und Gemeinschaften und arbeitete dort auch. Auf einem dieser Ausflüge stattete ich Fukuokas Farm einen Besuch ab, um selbst etwas über die Arbeit dieses Mannes zu lernen.

Ich weiß nicht genau, wie ich ihn mir vorgestellt hatte, aber nachdem ich so viel über den großen Lehrer gehört hatte, war ich einigermaßen überrascht, daß er - wie ein ganz normaler japanischer Bauer - Stiefel und Arbeitskleidung trug. Doch sein weißer, wuscheliger Bart und seine wache, selbstbewußte Art verliehen ihm die Haltung einer höchst ungewöhnlichen Person.

Mein erster Besuch auf Fukuokas Farm dauerte einige Monate, ich arbeitete auf dem Feld und im Obstgarten. Durch die Arbeit und die abendlichen Diskussionen in den Hütten mit anderen lernenden Besuchern wurden mir die Details von Fukuokas Methode und die zugrundeliegende Philosophie allmählich klar.

Fukuokas Farm liegt an den Berghängen, von denen aus man die Bucht von Matsuyama überblicken kann. Das ist „der Berg", wo seine Schüler leben und arbeiten. Die meisten von ihnen kommen an wie ich, mit einem Rucksack auf dem Rücken, ohne zu wissen, was sie erwartet. Sie bleiben einige Tage oder Wochen und verschwinden wieder. Es gibt aber meist eine Kerngruppe von vier bis fünf Leuten, die etwa ein Jahr bleibt. In den Jahren sind viele Leute, Männer wie Frauen, hierher gekommen, um hier zu bleiben und zu arbeiten.

Es gibt keinen modernen Komfort. Trinkwasser wird in Eimern von der Quelle geholt, die Mahlzeiten werden an einer Holzfeuerstelle bereitet, Licht geben Kerzen und Kerosinlampen. Der Berg ist reich an wilden Kräutern und Gemüsen. In nahegelegenen Flüssen können Fische und Schalentiere gefangen werden, und Meeresgemüse kommt aus dem einige Kilometer entfernten Binnenmeer.

Die Arbeiten variieren je nach Wetter und Jahreszeit. Der Arbeitstag beginnt etwa um 8 Uhr, die Mittagspause dauert eine Stunde (im Hochsommer zwei oder drei Stunden). Die Schüler kehren kurz vor der Dämmerung in ihre Hütten zurück. Neben den Feldarbeiten gibt es die täglichen Pflichten: Wasser holen, Feuerholz spalten, kochen, das heiße Bad vorbereiten, für die Ziegen sorgen, die Hühner füttern und ihre Eier einsammeln, sich um die Bienenstöcke kümmern, Hütten ausbessern und gelegentlich neue bauen und Miso (Sojabohnenpaste) und Tofu (Sojabohnenquark) herstellen.

Fukuoka stellt jeden Monat etwas Geld für die Lebenshaltungskosten der gesamten Gemeinschaft zur Verfügung. Das meiste davon wird für Sojasauce, Pflanzenöl und andere Dinge, die in kleinen Mengen schlecht zu produzieren sind, verwendet. Für ihre übrigen Bedürfnisse müssen die Schüler sich völlig auf ihre eigene Ernte verlassen, auf die Schätze der Gegend und auf ihre Phantasie. Fukuoka läßt seine Schüler absichtlich auf diese halbprimitive Weise leben, genau wie er selbst es seit vielen Jahren tut. Er glaubt, diese Lebensweise entwickelt die Sensibilität, die notwendig ist, um mit seiner natürlichen Methode zu arbeiten.

In der Gegend von Shikoku, wo Masanobu Fukuoka lebt, werden in den Küstenebenen Reis und an den Hängen ringsum Zitrusfrüchte angebaut. Fukuokas Farm besteht aus rund 5000 Quadratmeter Reisfeldern und 5 ha Mandarinen- und Orangengärten. Das mag einem westlichen Bauern nicht viel erscheinen, weil aber ausschließlich traditionelles japanisches Handwerkszeug zum Einsatz kommt, macht auch die Bewirtschaftung einer so kleinen Fläche viel Arbeit. Fukuoka arbeitet mit den Schülern im Feld und im Obstgarten, aber man weiß nie genau, wann er wo auftaucht. Er hat wohl ein Gespür dafür, dann zu erscheinen, wenn die Studenten ihn am wenigsten erwarten. Er ist ein Mensch voller Tatendrang, der immer über irgendetwas redet. Manchmal ruft er die Studenten zusammen, um über die Arbeit, die sie gerade tun, zu diskutieren, und oft zeigt er, wie die Arbeiten leichter und schneller erledigt werden können. Ein anderes Mal spricht er über den Lebenszyklus eines Unkrauts oder über eine Pilzkrankheit im Obstgarten, wobei er gelegentlich innehält, um sich zu besinnen und über seine Erfahrungen nachzudenken. Fukuoka lehrt die grundlegenden Fertigkeiten der Landwirtschaft, daneben erklärt er seine eigene Technik. Er betont, wie wichtig es ist, Werkzeuge richtig zu behandeln und wird es niemals müde, ihre Nutzen zu demonstrieren.

Hat der Neuling erwartet, „natürliche Landwirtschaft" würde bedeuten, daß die Natur den Anbau besorgt, während er herumsitzt und abwartet, so lehrt ihn Fukuoka schnell, daß er eine ganze Menge wissen und tun muß. Genau genommen ist Sammeln und Jagen die einzige „natürliche" Landwirtschaft. Der Anbau von Feldfrüchten ist eine kulturelle Neuerung, die Wissen und beharrliche Anstrengung erfordert. Der Unterschied zur normalen Landwirtschaft besteht darin, daß Fukuoka mit der Natur arbeitet, statt zu versuchen, die Natur durch Unterwerfung zu „übertreffen".

Viele Besucher kommen nur für einen Nachmittag, und Fukuoka führt sie geduldig über die Felder. Es ist nichts Ungewöhnliches, ihn mit zehn oder 15 hinter sich her keuchenden Besuchern den Berg hinaufgehen zu sehen. Dem war nicht immer so, als Fukuoka seine Methode entwickelte, hatte er jahrelang wenig Kontakt zu Menschen außerhalb des Dorfes.

Als junger Mann verließ Fukuoka sein ländlich geprägtes Zuhause und ging nach Yokohama, um Mikrobiologe zu werden. Er wurde Spezialist für Pflanzenkrankheiten und arbeitete einige Jahre in einem Labor als landwirtschaftlicher Berater. In dieser Zeit hatte Fukuoka - immer noch ein junger Mann von 25 Jahren - das Erlebnis, das die Basis seiner Lebensarbeit und das Thema dieses Buches *Der*

Große Weg hat kein Tor werden sollte. Er gab seine Arbeit auf und kehrte in sein Heimatdorf zurück, um dort die Gültigkeit seiner Ideen durch die Praxis auf seinen eigenen Feldern zu überprüfen.

Alles fing damit an, daß er eines Tages zufällig an einem Feld vorbeikam, das viele Jahre brachgelegen hatte. Dort sah er gesunde Reissämlinge durch ein Gewirr von Gräsern und Unkräutern sprießen. Von diesem Augenblick an hörte er auf, sein Feld zu bewässern, um Reis anzubauen. Er hörte auf, Reis im Frühjahr auszusäen, stattdessen säte er im Herbst direkt auf die Oberfläche des Feldes, so wie es auch in der Natur geschehen würde. Anstatt die Erde zu bearbeiten, um dem Unkraut Herr zu werden, lernte er, es mit Hilfe einer dauerhaften Bodenbedeckung aus weißem Klee und einer Mulchschicht aus Reis und Gerstenstroh zu kontrollieren. Hat er einmal günstige Bedingungen für seine Feldfrüchte geschaffen, greift Fukuoka nur noch so wenig wie möglich in die Pflanzen- und Tiergemeinschaften auf seinen Feldern ein.

Da viele Leute aus dem Westen, auch Bauern, mit dem Fruchtwechsel von Reis und Wintergetreide nicht vertraut sind, und weil Fukuoka sich oft auf den Reisanbau bezieht, ist es notwendig, ein paar Worte über die traditionelle japanische Landwirtschaft zu sagen.

Ursprünglich wurde der Reissamen während des Monsuns direkt in die überfluteten Flußebenen ausgesät. Später wurde das Land terrassiert, um die Bewässerung auch nach dem Zurückweichen der jährlichen Überflutung zu gewährleisten.

Bei der traditionellen Methode, die in Japan bis zum Ende des Zweiten Weltkrieges praktiziert wurde, wird der Reis in ein sorgfältig vorbereitetes Anzuchtbeet ausgesät. Darüber werden Kompost und Mist verteilt, dann wird es überflutet und gepflügt, bis es von der Konsistenz her Erbsensuppe ähnelt. Wenn die Sämlinge etwa 20 Zentimeter groß sind, werden sie von Hand auf das Feld umgepflanzt. Bei gutem Arbeitstempo kann ein erfahrener Bauer täglich ca. 1300 Quadratmeter bepflanzen. Die Arbeit wird aber fast immer arbeitsteilig von vielen Leuten getan.

Ist der Reis umgepflanzt, wird das Feld zwischen den Reihen leicht bearbeitet. Dann wird es von Hand gejätet und oft gemulcht. Drei Monate bleibt das Feld überflutet, das Wasser steht zwei Zentimeter und mehr über dem Boden. Geerntet wird mit einer Handsichel. Der Reis wird gebündelt und einige Wochen auf Holz- oder Bambusgestelle gehängt, damit er vor dem Dreschen austrocknen kann. Vom Pflanzen bis zur Ernte wird jeder Zentimeter des Feldes mindestens viermal von Hand bearbeitet.

16

Sobald die Reisernte beendet ist, wird das Feld gepflügt, die Erde zu abgeflachten, etwa 30 Zentimeter breiten Hügeln geformt und von Entwässerungskanälen durchzogen. Die Roggen- oder Gerstensamen werden auf die Hügel gesät und mit Erde bedeckt. Dieser Intensivanbau war möglich durch einen genauen Pflanzplan und die ständige Versorgung der Felder mit organischer Materie und wichtigen Nährstoffen. Es ist erstaunlich, daß die japanischen Bauern mit dieser Methode jahrhundertelang ein Sommer- und ein Wintergetreide anbauen konnten, ohne die Bodenfruchtbarkeit zu verringern.

Obwohl Fukuoka in der traditionellen Anbauweise viele Vorteile sieht, ist sie seiner Meinung nach mit zuviel überflüssiger Arbeit verbunden. Er spricht von seinen eigenen Methoden als „Nichts-Tun-Landwirtschaft" und sagt, daß sie es sogar einem „Sonntagsgärtner" erlauben würden, Nahrung für die ganze Familie anzubauen. Das heißt nicht, daß das völlig ohne Arbeit geschafft werden könnte. Die Arbeiten auf seinem Hof sind genau eingeteilt. Was getan wird, muß richtig und mit Gefühl getan werden. Hat der Bauer einmal bestimmt, daß auf einen Stück Land Reis oder Gemüse wachsen sollen und hat er die Samen ausgestreut, muß er für den Erhalt dieses Feldes die Verantwortung übernehmen. Die Natur aufzuscheuchen und dann aufzugeben ist schädlich und unverantwortlich.

Im Herbst sät Fukuoka Reis, weißen Klee und Wintergetreide auf ein Feld und bedeckt es mit einer dicken Schicht Reisstroh. Gerste oder Roggen und Klee keimen sofort, die Reissamen ruhen bis zum Frühling.

Während das Wintergetreide in den niedriger liegenden Feldern wächst, werden die Obsthänge zum Zentrum der Aktivität. Die Zitrusernte dauert von Mitte November bis April.

Roggen und Gerste werden im Mai geerntet und für eine Woche oder zehn Tage auf dem Feld zum Trocknen ausgebreitet. Dann werden sie gedroschen, sortiert und zum Lagern in Säcke gefüllt. Alles Stroh wird unzerkleinert als Mulch auf dem Feld verteilt. Während des Monsunregens im Juni wird das Wasser dann kurze Zeit im Feld gehalten, um Klee und Unkraut zu schwächen und dem Reis die Möglichkeit zu geben, durch die Bodenbedeckung zu sprießen. Ist das Feld wieder abgetrocknet, erholt sich der Klee und wächst unter den Reispflanzen weiter. Von da an bis zum Herbst - für die traditionell arbeitenden Bauern eine Zeit schwerer Arbeit - sind in Fukuokas Reisfeldern die einzigen Arbeiten, die Entwässerungskanäle zu erhalten und die engen Wege zwischen den Feldern zu mähen.

Der Reis wird im Oktober geerntet. Das Getreide wird zum Trocknen aufgehängt und dann gedroschen. Die Herbstaussaat ist beendet, wenn die frühen Mandarinen- und Orangensorten gerade erntereif sind.

Fukuoka erntet zwischen 1200 und 1400 Kilo Reis pro Morgen. Das ist annähernd der gleiche Ertrag, wie er auch mit modernen oder traditionellen Methoden in dieser Gegend erzielt wird. Der Ertrag seiner Wintergetreideernte liegt oft höher als der der modernen oder traditionellen Bauern, die beide die Hügel- und Graben-Methode praktizieren.

Alle drei Methoden (natürlich, traditionell und modern) führen zu vergleichbaren Ernten, unterscheiden sich aber in ihrer langfristigen Wirkung erheblich. Fukuokas Ernten steigern sich mit jedem Jahr. In den letzten 25 Jahren, also seitdem Fukuoka aufhörte zu pflügen, verbesserten sich Fruchtbarkeit, Struktur und Wasserspeicherfähigkeit der Felder. Mit der traditionellen Methode bleibt der Zustand des Bodens über Jahrzehnte hinweg in etwa gleich. Der Bauer erzielt Erträge proportional zur Kompost- und Mistmenge, die er ausbringt. Der Boden auf den Feldern der modern arbeitenden Bauern wird in kurzer Zeit seiner natürlichen Fruchtbarkeit beraubt.

Einer der größten Vorzüge von Fukuokas Methode ist, daß Reis ohne Überschwemmung der Felder während der ganzen Wachstumszeit angebaut werden kann. Wenige Leute haben das jemals für möglich gehalten. Es *ist* möglich - und Fukuoka behauptet, daß Reis auf diese Weise besser wächst. Die alte Gluten-Reissorte, die er anbaut, hat zwischen 250 und 300 Körner pro Pflanze.

Die Verwendung von Mulch steigert die Fähigkeit des Bodens, Wasser zu speichern. Vielerorts kann natürlicher Anbau eine Bewässerung vollständig ersetzen. Reis und andere ertragreiche Feldfrüchte können daher in Gebieten angebaut werden, die früher als unkultivierbar galten. Steiles und anderweitig unfruchtbares Land kann ohne Erosionsgefahr bestellt werden. Durch natürliche Landwirtschaft können Böden, die durch landwirtschaftliche Praktiken oder Chemikalien geschädigt sind, wieder gesunden.

Es gibt Pflanzenkrankheiten und Insekten auf den Feldern und im Obstgarten, die Ernten werden aber niemals vernichtet. Die Schädigung wirkt nur auf die schwächsten Pflanzen ein. Fukuoka beharrt darauf, daß die beste Krankheits- und Insektenkontrolle der Anbau von Pflanzen in einer gesunden Umwelt ist.

Die Obstbäume in Fukuokas Hain sind nicht zum leichteren Ernten niedrig gehalten und ausgelichtet, sondern dürfen zu ihrer natürlichen Form auswachsen. Gemüse und Kräuter werden mit minimaler Bodenbearbeitung an den Obsthängen gezogen. Im Frühjahr werden die Samen von Butzenklette, Kohl, Rettich, Sojabohnen, Senf, Rüben, Karotten und anderem Gemüse vermischt und - vor einem der langen Frühjahrsregen - auf der freien Fläche unter den Bäumen ausgesät. Diese Saatmethode würde natürlich nicht überall funktionieren. In Japan mit seinem feuchten Klima und seinen zuverlässigen Regenfällen in den Frühjahrsmonaten funktioniert sie gut. Die Bodenbeschaffenheit in Fukuokas Obstgarten ist tonig. Die obere Schicht ist reich an organischer Materie, krümelig und speichert Wasser gut. Das ist das Ergebnis der Unkraut- und Kleedecke, die im Obstgarten seit vielen Jahren wächst.

Das Unkraut muß zurückgeschnitten werden, wenn die Gemüsesämlinge noch jung sind. Hat sich das Gemüse aber erst einmal durchgesetzt, läßt man alles zusammen wachsen. Einiges Gemüse bleibt ungeerntet, die Samen fallen zu Boden, und nach ein oder zwei Generationen kehren diese Gemüse zu den Wachstumsgewohnheiten ihrer starken und leicht bitter schmeckenden wilden Vorläufer zurück. Viele dieser Gemüse wachsen völlig ohne Pflege. Kurz nachdem ich zu Fukuoka kam, spazierte ich einmal durch einen abgelegenen Teil des Obsthains und stieß unerwartet an etwas Hartes im Gras. Als ich mich bückte, um es zu untersuchen, fand ich eine Gurke und daneben einen Squash im Klee verborgen.

Jahrelang schrieb Fukuoka über seine Methode in Büchern und Zeitschriften, er wurde in Radio und Fernsehen interviewt, aber fast niemand folgte seinem Beispiel. Zu jener Zeit bewegte sich die japanische Gesellschaft genau in die entgegengesetzte Richtung.

Nach dem Zweiten Weltkrieg führten die Amerikaner die moderne chemische Landwirtschaft in Japan ein. Dies ermöglichte den japanischen Bauern, annähernd die gleichen Erträge wie mit der traditionellen Methode zu erzielen, die erforderliche Arbeitszeit wurde aber um mehr als die Hälfte reduziert. Das schien die Verwirklichung eines Traums zu sein, und innerhalb einer Generation war fast jeder zur modernen Landwirtschaft übergegangen.

Jahrhundertelang hatten japanische Bauern durch Fruchtwechsel, Kompost- und Mistzugaben, sowie Decksaaten die organische Materie der Böden erhalten. Als diese Praktiken aufgegeben und stattdessen schnellwirkende chemische Dünger benutzt wurden, war der Humus in einer einzigen Generation ausgelaugt. Die Struktur der Böden verschlechterte sich, die Pflanzen wurden schwach und von den chemischen Nährstoffen abhängig. Die geringere Arbeit für Mensch und Tier wurde mit der Schädigung der Bodenfruchtbarkeit bezahlt.

In den letzten 40 Jahren wurde Fukuoka Zeuge sowohl des Niedergangs der Bodenfruchtbarkeit als auch des Niedergangs der japanischen Gesellschaft. Die Japaner folgten naiv dem amerikanischen Modell wirtschaftlicher und industrieller Entwicklung. Die Bevölkerungsstruktur veränderte sich, als Bauern vom Land in die wachsenden Industriezentren abwanderten. Das Dorf, in dem Fukuoka geboren wurde und wo seine Familie wahrscheinlich seit 1400 Jahren oder länger lebt, liegt nun am Rande der vorrückenden Vororte von Matsuyama City. Eine Autobahn mit ihren „Randprodukten" *Sake*-Flaschen und Abfall verläuft durch Fukuokas Reisfelder.

Obwohl Fukuoka seine Philosophie nicht mit einer bestimmten Religionsgemeinschaft oder Organisation in Verbindung bringt, sind seine Terminologie und seine Lehrmethoden stark vom Zen-Buddhismus und Taoismus beeinflußt. Manchmal zitiert er auch aus der Bibel und bringt die jüdisch-christliche Philosophie und Theologie ein, um zu verdeutlichen, was er meint, oder um die Diskussion anzuregen.

Fukuoka glaubt, daß natürliche Landwirtschaft aus der spirituellen Gesundheit des Individuums hervorgeht. Er betrachtet die Heilung des Landes und die Läuterung des menschlichen Geistes als Teile eines Prozesses, und er entwirft eine Lebens- und Anbauweise, in der dieser Prozeß stattfinden kann.

Es ist unrealistisch zu glauben, daß Fukuoka seine Vision zu seinen Lebzeiten und unter den gegenwärtigen Bedingungen vollständig in die Praxis umsetzen kann. Auch heute, nach mehr als 30 Jahren, entwickeln sich seine Techniken noch. Sein großes Verdienst ist es, zu zeigen, daß der tägliche Prozeß der Festigung spiritueller Gesundheit eine praktische und wohltätige Umwandlung der Welt mit sich bringen kann.

Heute hat sich die Erkenntnis, daß von der chemischen Landwirtschaft Langzeitgefahren ausgehen, allgemein durchgesetzt und das Interesse an alternativen Anbaumethoden geweckt. Fukuoka ist in Japan als einer der führender Sprecher für naturgemäße Landwirtschaft in Erscheinung getreten. Seit der Erstveröffentlichung dieses Buches im Oktober 1975 hat sich das Interesse an natürlicher Landwirtschaft in der japanischen Bevölkerung rapide ausgebreitet.

Während der anderthalb Jahre, die ich bei Fukuoka arbeitete, kehrte ich häufig auf meine Farm in Kyoto zurück. Dort war jeder begierig, die neuen Methoden auszuprobieren, und allmählich gingen wir auf unserem Land immer mehr zu natürlicher Landwirtschaft über.

Neben der traditionellen Fruchtfolge von Reis und Roggen bauten wir auch Weizen, Buchweizen, Kartoffeln, Mais und Sojabohnen nach Fukuokas Methode an. Um Mais und andere Früchte, die langsam keimen, in Reihen anzubauen, drückten wir mit einem Stock oder Bambusstück ein Loch in die Erde und legten einen Samen in jedes Loch. Dazwischen pflanzten wir Sojabohnen - entweder auf die gleiche Art oder indem wir die Samen in Lehmkügelchen drückten und über dem Feld verstreuten. Dann mähten wir die Bodendecke aus Unkraut und weißem Klee ab und bedeckten das Feld mit Stroh. Der Klee kam wieder, aber erst, nachdem Mais und Sojabohnen angewachsen waren.

Fukuoka konnte uns mit einigen Ratschlägen unterstützen, aber wir mußten die Methode durch Versuch und Irrtum an unsere diversen Feldfrüchte und unsere lokalen Bedingungen anpassen. Wir wußten von Anfang an, daß es mehr als nur ein paar Jahre dauern würde - für das Land und für unseren Geist - zur natürlichen Landwirtschaft überzugehen. Der Übergang ist zu einem fortdauernden Prozeß geworden.

Larry Korn

Bemerkungen zur Übersetzung

Dies ist eine Übersetzung des englischen Buches *The One Straw Revolution*. Die Bemerkungen wurden von Larry Korn zur englischen Übersetzung geschrieben.

Eine wortgetreue Übersetzung von einer Sprache in eine andere ist herausfordernd genug, auch den Charakter und kulturellen Zusammenhang zu bewahren, ist noch schwieriger. Gerade das Japanische ist sehr differenziert im Ausdruck von spirituellen Erfahrungen und philosophischen Lehren, wie sie in diesem Buch enthalten sind. Einige Begriffe wie „unterscheidendes" und „nichtunterscheidendes" Wissen, „Nicht-Wissen" und „Nichts-Tun" haben kein Äquivalent und sind daher wörtlich übertragen und mit Erläuterungen versehen worden.

Für fernöstliche Philosophen ist es gängige Lehrmethode, Paradoxien, Unlogisches und offensichtliche Widersprüche zu verwenden, um gewohnte Denkmuster aufbrechen zu helfen. Solche Abschnitte sind nicht unbedingt wörtlich oder bildlich zu verstehen, sondern vielmehr als Übung, um das Bewußtsein für Erkenntnisse jenseits des Intellekts zu öffnen.

Das japanische *mugi*, als „Wintergetreide" übersetzt, umfaßt Weizen, Roggen und Gerste. Die Anbaumethoden für diese Getreide sind ähnlich, außer daß Weizen generell einige Wochen länger zum Reifen braucht. Roggen und Gerste werden in Japan viel häufiger angebaut, weil der Weizen erst mitten in der japanischen Regenzeit erntereif ist.

Das japanische *mikan* ist mit Zitrusfrucht übersetzt. Die geläufigste Zitrusfrucht in Asien ist die Mandarin-Orange. In Japan werden viele Sorten Mandarin-Orangen angebaut, am meisten verbreitet ist aber eine kleine Orange, die der Tangerine sehr ähnelt.

Wo der Zusammenhang es erfordert, werden die genauen Wintergetreide und Zitrusfruchtsorten benannt.

Die Übersetzung ins Englische wurde unter Fukuokas Leitung im Frühjahr 1976 in Japan begonnen. Es ist keine wörtliche Übersetzung. Teile anderer Arbeiten Fukuokas sind, genau wie Gespräche mit ihm, in den Text eingefügt worden.

Larry Korn

22

Kapitel I

Seht Euch dieses Korn an

Ich glaube, daß mit einem einzigen Strohhalm eine Revolution beginnen kann. Auf den ersten Blick mag der Reishalm leicht und unbedeutend sein. Wer glaubt schon, daß damit eine Revolution anfangen könnte. Ich aber habe das Gewicht und die Kraft dieses Strohs kennengelernt. Für mich ist diese Revolution sehr real.

Seht Euch diese Roggen- und Gerstenfelder an. Dieses Getreide erbringt einen Ertrag von etwa 1200 Kilo pro Morgen. Ich glaube, das kommt den höchsten Erträgen der Präfektur Ehime nahe. Und wenn dem so ist, könnte der Ertrag leicht den besten Ernten des Landes gleichkommen, denn Ehime ist eine der fruchtbarsten Gegenden Japans. Und doch sind diese Felder seit 25 Jahren nicht mehr gepflügt worden.

Die Saat? Ich säe im Herbst einfach Roggen- und Gerstensamen auf separaten Feldern breitwürfig aus, wenn der Reis noch steht. Einige Wochen später ernte ich den Reis und verteile das Reisstroh wieder auf dem Feld.

Das gleiche gilt für die Reisaussaat. Das Wintergetreide wird um den 20. Mai herum gemäht. Etwa zwei Wochen, bevor es voll ausgereift ist, säe ich Reissamen unter den Roggen und die Gerste. Nachdem das Wintergetreide geerntet und die Ähren gedroschen sind, breite ich das Roggen- und Gerstenstroh auf dem Feld aus.

Ich denke, daß meine Anbauweise die einzige ist, die zum Pflanzen von Reis und Wintergetreide die gleiche Methode anwendet. Aber es gibt noch einen leichteren Weg. Auf dem nächsten Feld wurde der Reis im Herbst zur gleichen Zeit wie das Wintergetreide gesät. Auf diesem Feld war die Aussaat des ganzen Jahres am Neujahrstag beendet.

Ihr seht vielleicht, daß weißer Klee und Unkraut in diesen Feldern wachsen. Klee wurde im frühen Oktober zwischen die Reispflanzen ausgesät, kurz vor Roggen und Gerste. Über das Säen von Unkräutern mache ich mir allerdings keine Gedanken...

Der Ablauf auf diesem Feld sieht also folgendermaßen aus: Im frühen Oktober wird Klee breitwürfig zwischen den Reis gesät, dann folgt Mitte des Monats Wintergetreide. Im frühen November wird der Reis geerntet, dann wird der Reis für das nächste Jahr gesät und Stroh über die Felder ausgebreitet.

Ein Reis- und Wintergetreidefeld von 1000 Quadratmeter können ein oder zwei Leute in einigen wenigen Tagen bestellen. Es ist unwahrscheinlich, daß es einen leichteren Weg des Getreideanbaus gibt. Diese Methode widerspricht den modernen Landwirtschaftstechniken völlig. Sie wirft wissenschaftliche Erkenntnise und traditionelles Wissen einfach über den Haufen. Mit dieser Art von Anbau, die weder Maschinen, noch aufbereitete Dünger und Chemikalien verwendet, lassen sich so große Ernten wie die einer durchschnittlichen japanischen Farm erzielen oder sogar größere. Der Beweis reift direkt vor Euren Augen.

Überhaupt nichts

Kürzlich wurde ich gefragt, warum ich vor so vielen Jahren mit dieser Art Landwirtschaft angefangen habe. Bis jetzt habe ich noch nicht darüber gesprochen. Man könnte sagen, es war nicht möglich, davon zu sprechen. Es war einfach - wie soll ich sagen - ein Schock, ein Blitz, ein kleines Vorkommnis, das der Anfangspunkt war.

Diese Erkenntnis veränderte mein Leben vollständig. Es ist nichts, worüber man wirklich reden kann, aber ich will es so versuchen: „Die Menschheit weiß nichts. Die Dinge haben keinen inneren Wert, und jede Handlung ist vergebliche, sinnlose Mühe." Das mag lächerlich klingen, wenn man es aber in Worte fassen will, ist das der einzige Weg, um es zu beschreiben.

Dieser „Gedanke" entwickelte sich plötzlich in meinem Kopf, als ich noch ziemlich jung war. Ich wußte nicht, ob die Einsicht, daß menschliches Wissen und Bemühen unbedeutend sind, gültig war oder nicht. Aber wenn ich diese Gedanken überprüfte und zu widerlegen suchte, fühlte ich nichts in mir, was ihnen widersprach. Nur die sichere Überzeugung, daß es so ist, brannte in mir.

Es ist allgemeines Gedankengut, daß es nichts Größeres als die menschliche Intelligenz gibt, daß menschliche Wesen Kreaturen von besonderem Wert sind und daß ihre Schöpfungen und Errungenschaften, die sich in Kultur und Geschichte widerspiegeln, wunderbar sind. Jedenfalls ist diese Überzeugung weitverbreitet.

Was ich dachte, leugnete dies, deshalb konnte ich meine Sicht der Dinge keinem mitteilen. Schließlich beschloß ich, meinen Gedanken eine Form zu geben, sie in die Praxis umzusetzen, um so festzustellen, ob mein Verständnis richtig oder falsch war. Mein Leben mit Landwirtschaft zu verbringen, Reis und Wintergetreide anzubauen - das war der Weg, den ich gehen wollte.

Was war das nun für eine Erfahrung, die mein Leben veränderte? Vor 40 Jahren, mit 25, arbeitete ich bei der Zollbehörde von Yokohama in der Abteilung für Pflanzenuntersuchungen. Meine Hauptarbeit war die Untersuchung zur Ein- oder Ausfuhr bestimmter Pflanzen auf Insekten, die Krankheiten übertragen. Glücklicherweise hatte ich viel freie Zeit, die ich mit Forschungen in meinem Spezialgebiet, der Pflanzenpathologie, im Labor verbrachte. Das Labor lag in der Nähe des Yamate Parks, und man überblickte von der Klippe aus den Hafen von Yokohama. Es war sehr ruhig, die perfekte Umgebung, um Forschung zu betreiben.

Ich arbeitete unter Professor Kurosawa. Unter seiner Leitung widmete ich mich der Erforschung fäulnisverursachender Harzkrankheiten in Stamm, Ästen und Früchten amerikanischer und japanischer Zitrusbäume.

Ich schaute durch das Mikroskop, beobachtete Pilzkulturen, kreuzte verschiedene Pilze und erzeugte neue krankheitserregende Arten. Ich war von meiner Arbeit fasziniert. Da die Arbeit eine hohe und stetige Konzentration erforderte, wurde ich während der Laborarbeit manchmal sogar ohnmächtig.

Es war auch die Zeit jugendlicher Unbeschwertheit, und ich verbrachte durchaus nicht meine ganze Zeit im Forschungslabor. Ich lebte in der Hafenstadt Yokohama, einem guten Platz, um die Zeit mit allerlei Vergnügungen totzuschlagen. Eines Tages streifte ich mit der Kamera in der Hand am Kai herum und sah plötzlich eine schöne Frau. Sie würde ein gutes Objekt für ein Foto sein, und ich bat sie, für mich zu posieren. Ich half ihr auf das Deck eines ausländischen Schiffes, das dort ankerte, bat sie, mal hierhin und mal dorthin zu blicken und machte mehrere Aufnahmen. Sie bat mich, ihr Abzüge von den fertigen Fotos zu schicken. Als ich fragte, wohin ich sie schicken solle, sagte sie nur, „nach Ofuna" und ging, ohne ihren Namen genannt zu haben. Nachdem ich den Film entwickelt hatte, zeigte ich die Abzüge einem Freund und fragte, ob er sie kenne. Er schnappte nach Luft und sagte: „Das ist Mieko Takamine, der berühmte Filmstar!" Sofort schickte ich zehn vergrößerte Abzüge an sie nach Ofune. Nach kurzer Zeit kamen sie mit Autogramm versehen zurück. Eines fehlte jedoch. Es war die Nahaufnahme, die ich gemacht hatte. Wahrscheinlich zeigte sie einige Falten in ihrem Gesicht. Ich freute mich, weil ich dachte, mir sei ein Blick in die weibliche Psyche gelungen.

Obwohl ich ungeschickt und linkisch war, ging ich manchmal in eine Tanzhalle. Einmal sah ich dort eine populäre Sängerin, Noriko Awaya, und bat sie um einen Tanz. Ich werde diesen Tanz nie vergessen, ich war von ihrer Körpergröße überwältigt und bekam nicht einmal meinen Arm um ihre Hüfte herum.

Jedenfalls war ich ein vielbeschäftigter und froher junger Mann. Meine Tage verbrachte ich mit Staunen über die Welt der Natur, die mir durch das Okular des Mikroskops offenbar wurde. Ich war davon ergriffen, wie ähnlich diese winzige Welt der großen Welt des unendlichen Universums ist. Am Abend, ob verliebt oder nicht, zog ich herum und hatte meinen Spaß. Ich glaube, es war dieses ziellose Leben gepaart mit der anstrengenden Arbeit, was schließlich zu den Ohnmachtsanfällen führte. Die Folge all dessen war, daß ich mir eine akute Lungenentzündung zuzog und ins Krankenhaus eingeliefert wurde.

Es war Winter, und durch ein zerbrochenes Fenster blies der Wind Schneewirbel in den Raum. Unter den Decken war es warm, aber mein Gesicht war wie Eis. Eine Schwester maß meine Temperatur und ging danach sofort wieder. Da es ein Privatzimmer war, schauten kaum Leute herein. Ich fühlte mich der bitteren Kälte ausgesetzt und sehr einsam. Ich hatte Angst vor dem Tod. Wenn ich heute darüber nachdenke, weiß ich, daß die Angst grundlos war, aber zu jener Zeit nahm ich sie ernst.

Schließlich wurde ich aus dem Krankenhaus entlassen, aber ich kam nicht aus meiner Depression heraus. In was hatte ich bisher mein Vertrauen gesetzt? Ich war sorglos und zufrieden gewesen, was aber war das Wesen dieser Selbstzufriedenheit? Ich steckte voller quälender Zweifel über die Natur von Leben und Tod. Ich konnte nicht schlafen, konnte mich nicht meiner Arbeit widmen. Auch während meiner nächtlichen Wanderungen über die Klippen und am Hafen konnte ich keine Linderung finden.

Eines Nachts, als ich herumwanderte, brach ich erschöpft auf einem Berg zusammen, der den Hafen überragte, und schlummerte schließlich, gegen den Stamm eines großen Baumes gelehnt ein. Dort lag ich, halb schlafend, halb wachend, bis zum Morgengrauen. Ich kann mich noch erinnern, daß es der Morgen des 15. Mai war. Wie betäubt sah ich den Hafen heller werden, sah den Sonnenaufgang und sah ihn doch irgendwie auch nicht. Als eine Brise die Klippen hinaufstieg, verschwand plötzlich der Morgennebel. Genau in diesem Moment erschien ein Nachtreiher, gab einen scharfen Schrei von sich und flog in die Ferne. Ich konnte das Schlagen seiner Schwingen hören. Sofort verschwanden meine Zweifel und der düstere Nebel meiner Verwirrung. Alles, wovon ich fest überzeugt gewesen war, alles, worauf ich mich verlassen hatte, wurde vom Winde fortgeweht. Ich fühlte, daß ich etwas begriff. Ohne daß ich darüber nachgedacht hätte, kamen Worte aus meinem Mund: „In dieser Welt gibt es überhaupt nichts..." Ich fühlte, daß ich nichts verstand. (Nichts zu verstehen in diesem Sinne bedeutet, die Unzulänglichkeit des intellektuellen Wissens zu erkennen.)

Mir wurde klar, daß all die Konzepte, an die ich mich geklammert hatte, selbst der Begriff der Existenz an sich, leere Erfindungen waren. Mein Geist wurde hell und klar. Ich tanzte wild vor Freude. Ich konnte die kleinen Vögel in den Bäumen zwitschern hören und die fernen Wellen in der aufgehenden Sonne glitzern sehen. Die Blätter tanzten grün und funkelnd. Ich fühlte, dies war der wahre Himmel auf Erden. Alles, was mich besessen hatte, all die Seelenkämpfe, verschwanden wie Träume und Illusionen und etwas, was man „wahre Natur" nennen könnte, wurde offenbar.

Ich denke, ich kann mit Gewißheit sagen, daß sich mein Leben seit der Erfahrung an jenem Morgen vollkommen veränderte.

Trotz der Veränderung blieb ich im Grunde ein durchschnittlicher, närrischer Mensch, und daran hat sich bis heute nichts geändert. Von außen betrachtet gibt es keinen gewöhnlicheren Zeitgenossen als mich, und an meinem Leben war nichts Außergewöhnliches. Aber die Sicherheit, daß ich dieses eine Ding weiß, hat sich seit dieser Zeit nicht verändert. Ich habe 30, 40 Jahre damit verbracht, darüber nachzudenken, ob ich mich geirrt habe oder nicht, aber nicht einmal bin ich auf einen Beweis gegen meine Überzeugung gestoßen.

Daß diese Erkenntnis an sich von großem Wert ist, bedeutet nicht, daß ich dadurch wertvoller würde. Ich bleibe ein einfacher Mann, nur eine alte Krähe, um es einmal so auszudrücken. Dem zufälligen Beobachter scheine ich entweder demütig oder arrogant zu sein. Ich sage den jungen Leuten oben in meinem Obstgarten immer wieder, mich nicht zu imitieren, und es ärgert mich wirklich, wenn sich jemand diesen Rat nicht zu Herzen nimmt. Ich fordere sie stattdessen auf, einfach in der Natur zu leben und sich ihrer täglichen Arbeit zu widmen. Nein, an mir gibt es nichts Besonderes, aber das, wovon ich einen flüchtigen Blick erhascht habe, ist ungeheuer wichtig.

Rückkehr aufs Land

Am Tag nach dieser Erfahrung, dem 16. Mai, meldete ich mich zur Arbeit und reichte auf der Stelle meine Kündigung ein. Meine Vorgesetzten und Freunde waren überrascht. Sie hatten keine Ahnung, was sie damit anfangen sollten. Sie arrangierten eine Abschiedsfeier in einem Restaurant an der Werft, aber die Atmosphäre war etwas sonderbar. Dieser junge Mann, der bis zum letzten Tag gut mit jedem ausgekommen war, der mit seiner Arbeit nicht besonders unzufrieden schien, der sich im Gegenteil ernsthaft seiner Forschung gewidmet hatte, kündigte plötzlich an, er wolle gehen. Und ich stand da und lachte glücklich.

Bei dieser Gelegenheit hielt ich eine kurze Rede: „Auf dieser Seite ist die Werft, auf der anderen Seite ist Pier 4. Wenn Ihr glaubt, es gibt Leben auf dieser Seite, dann ist der Tod auf der anderen. Wenn Ihr die Idee des Todes loswerden wollt, dann müßt Ihr die Annahme verwerfen, daß es Leben auf dieser Seite gibt. Leben und Tod sind eins."

Als ich dies sagte, machten sich alle noch mehr Sorgen um mich. „Was sagt er? Er muß nicht ganz bei Verstand sein", müssen sie gedacht haben. Sie alle verabschiedeten sich mit kläglichen Gesichtern. Ich war der einzige, der beschwingt und munter hinausging.

Mein Zimmergenosse war außerordentlich besorgt um mich und schlug vor, ich solle mich erholen, vielleicht auf der Insel Boso. Ich wäre überall hin gegangen, wenn mich jemand darum gebeten hätte. Ich stieg in den Bus, fuhr viele Meilen, schaute hinaus auf die gefleckten Muster der Felder und die kleinen Dörfer entlang der Autobahn. An einer Haltestelle sah ich ein kleines Schild mit der Aufschrift „Utopia". Dort stieg ich aus und machte mich auf die Suche danach.

An der Küste dort war ein kleines Gasthaus, und als ich die Klippe hinaufkletterte, fand ich einen Platz mit einer wunderbaren Aussicht. Ich blieb in dem Gasthof und verbrachte die Tage im hohen Gras dösend und auf das Meer schauend. Es mögen einige Tage, eine Woche oder ein Monat gewesen sein, jedenfalls blieb ich dort einige Zeit. Während die Tage verstrichen, verblaßte meine Heiterkeit, und ich begann darüber nachzudenken, was geschehen war. Schließlich fand ich wieder zu mir selbst.

Ich ging nach Tokio und blieb eine Weile. Ich verbrachte meine Tage mit Spaziergängen im Park, ich hielt Leute auf der Straße an und redete mit ihnen, schlief mal hier, mal dort. Mein Freund war besorgt um mich und kam, um nach mir zu sehen. „Lebst du nicht in einer Traumwelt, in einer Art Illusion?" fragte er. „Nein", antwortete ich, „du bist es, der in einer Traumwelt lebt." Beide dachten wir: „Ich habe recht, und du bist in der Traumwelt." Als mein Freund mir „Auf Wiedersehen" sagen wollte, antwortete ich: „Sag nicht „Auf Wiedersehen". Scheiden ist einfach nur Scheiden." Mein Freund schien die Hoffnung aufgegeben zu haben.

Ich verließ Tokio, fuhr durch die Kansaigegend (Osaka, Kobe, Kyoto) und gelangte in den Süden bis Kyushu. Ich war fröhlich, trieb von Ort zu Ort. Ich provozierte eine Menge Leute mit meiner Überzeugung, alles sei bedeutungslos und ohne Wert und kehre sich ins Nichts.

Aber das war entweder zu viel oder zu wenig für die Welt des Alltäglichen. Es gab überhaupt keine Verständigung. Ich dachte nur daran, von welch großem Vorteil diese Vorstellung von Nicht-Nutzen für die Welt und besonders für die heutige Welt, die sich so rapide in die entgegengesetzte Richtung bewegt, sei. Ich zog tatsächlich mit der Absicht umher, die Worte über das ganze Land zu verbreiten. Das Ergebnis war, daß ich, wo immer ich auch hinging, als Exzentriker ignoriert wurde. So kehrte ich auf den Hof meines Vaters zurück.

Mein Vater baute zu dieser Zeit Tangerinen an, und ich zog in eine Hütte auf dem Berg und begann ein sehr einfaches, primitives Leben. Ich dachte, daß ich hier, als Zitrusfrucht- und Getreidebauer, meine Erkenntnisse demonstrieren könnte, die Welt würde erkennen, daß sie wahr sind. Anstatt hunderte Erklärungen anzubieten, wäre es nicht der beste Weg, diese Philosophie zu praktizieren? Meine Methode der „Nichts-Tun"-Landwirtschaft begann mit diesem Gedanken. (Mit diesem Ausdruck lenkt Fukuoka die Aufmerksamkeit auf die im Vergleich große Leichtigkeit seiner Methode. Diese Anbauweise erfordert harte Arbeit, besonders bei der Ernte, aber viel weniger als andere Methoden.) Es war im 13. Jahr der Regierung des Kaisers, 1938.

Ich ließ mich auf dem Berg nieder, und alles ging gut, bis zu der Zeit, als mein Vater mich mit den reichtragenden Bäumen im Obstgarten betraute. Er hatte die Bäume schon in „die Form von Sake-Schalen" geschnitten, so daß die Früchte leicht geerntet werden konnten. Als ich sie in diesem Stadium sich selbst überließ, war das Ergebnis, daß die Äste sich ineinander verflochten, Insekten die

Bäume angriffen und der ganze Garten in kurzer Zeit dahinwelkte. Meine Überzeugung war, daß die Pflanzen selbst wachsen und nicht dazu gebracht werden sollten. Ich hatte in dem Glauben gehandelt, daß alles seinem natürlichen Gang entsprechend belassen werden sollte. Ich stellte aber fest, daß es Schwierigkeiten gibt, wenn man dies plötzlich tut. Dann hat man Verwilderung, nicht „natürliche Landwirtschaft".

Mein Vater war schockiert. Er sagte, ich müsse zu Selbstdisziplin zurückfinden, vielleicht irgendwo eine Arbeit annehmen und zurückkehren, wenn ich mich wieder gefangen hätte. Zu dieser Zeit war mein Vater Dorfvorsteher, und für die anderen Mitglieder der Gemeinschaft war es schwierig, mit seinem exzentrischen Sohn zu tun zu haben, der offenbar mit der Welt nicht zurecht kam und zurückgezogen in den Bergen lebte. Überdies war mir die Aussicht auf den Militärdienst unangenehm, und als der Krieg immer heftiger wurde, entschied ich mich, den Wünschen meines Vaters demütig nachzugeben und mir eine Arbeit zu suchen.

Damals waren technische Spezialisten rar. Die Forschungsstation der Präfektur Kochi hörte von mir, und so wurde mir der Posten des Forschungsleiters für Krankheits- und Insektenbekämpfung angeboten. Ich drängte mich der Freundlichkeit der Präfektur Kochi für fast acht Jahre auf. Ich wurde Inspektor der Abteilung Wissenschaftliche Landwirtschaft und widmete mich der Frage, wie die Nahrungsmittelproduktion während der Kriegszeiten gesteigert werden könnte. Im Grunde aber dachte ich während dieser acht Jahre über die Beziehung zwischen „wissenschaftlicher" und „natürlicher" Landwirtschaft nach. Die moderne Landwirtschaft, die sich die Errungenschaften der menschlichen Intelligenz zunutze macht, wurde als überlegen angesehen. Die Frage, die ich stets im Hinterkopf hatte, war, ob natürliche Landwirtschaft der modernen Wissenschaft entgegentreten könne oder nicht.

Als der Krieg zu Ende war, spürte ich einen frischen Wind der Freiheit, und mit einem Seufzer der Erleichterung kehrte ich in mein Heimatdorf zurück, um die Landwirtschaft aufs neue anzugehen.

Hin zu einer Nichts-Tun-Landwirtschaft

30 Jahre habe ich nur in meiner Landwirtschaft gelebt und wenig Kontakt zu Leuten außerhalb meiner eigenen Gemeinschaft gehabt. In jenen Jahren bewegte ich mich zielstrebig auf eine landwirtschaftliche Methode des „Nichts-Tun" zu.

Der übliche Weg, eine Methode zu entwickeln, ist, zu fragen: „Wie wäre es, dies zu probieren?" oder „Warum nicht einmal jenes versuchen?" und nacheinander eine Vielzahl von Techniken einzuführen. Das ist moderne Landwirtschaft, sie führt nur dazu, den Bauern mehr zu beschäftigen.

Mein Weg war entgegengesetzt. Ich zielte auf eine angenehme, natürliche Anbauweise, die darin resultieren sollte, die Arbeit leichter statt schwerer zu machen. Ich zielte auf einen Anbau, so einfach wie möglich, innerhalb und in Zusammenhängen mit der natürlichen Umwelt - entgegen der modernen Einstellung, in wachsendem Maße komplexe Technologien anzuwenden, um die Natur vollständig zum Wohle des Menschen umzuformen.

„Wie wäre es, dies *nicht* zu tun? Warum jenes nicht *unterlassen*?" - das war meine Art des Denkens. Letztendlich kam ich zu der Erkenntnis, daß es unnötig ist, zu pflügen; unnötig, Dünger zu verwenden; unnötig, Kompost zu bereiten; unnötig, Insektizide einzusetzen. Im Grunde genommen gibt es wenige landwirtschaftliche Praktiken, die wirklich nötig sind.

Der Grund, weswegen die verbesserten Techniken des Menschen nötig zu sein scheinen, ist der, daß das natürliche Gleichgewicht von den gleichen Techniken vorher so stark gestört worden ist, bis das Land von ihnen abhängig wurde.

Diese Gedankenkette läßt sich nicht nur auf Landwirtschaft, sondern auch auf andere Aspekte der menschlichen Gesellschaft anwenden. Ärzte und Medizin werden notwendig, wenn die Menschen eine ungesunde Umwelt schaffen. Das Schulwesen hat keinen Wert an sich, wird aber nötig, wenn die Menschheit Verhältnisse schafft, in denen man „erzogen" werden muß, um zurecht zu kommen.

Vor Kriegsende, als ich in den Zitrushain ging, um zu praktizieren, was ich damals für natürlichen Anbau hielt, beschnitt ich die Bäume nicht und überließ den Garten sich selbst. Die Äste verzweigten sich, die Bäume wurden von Insekten angegriffen und fast 8000

Quadratmeter Orangenbäume verdorrten und starben. Von dieser Zeit an hatte ich immer die Frage im Kopf: „Wie sieht das natürliche Muster aus?" Der Weg bis zur Antwort kostete weitere 400 Bäume. Schließlich konnte ich mit Sicherheit sagen: „Das ist das natürliche Muster."

Im gleichen Maße, wie Bäume von ihrer natürlichen Form abweichen, werden Beschnitt und Insektenvernichtung nötig. Im gleichen Maße, wie die menschliche Gesellschaft sich selbst von einem naturnahen Leben trennt, wird Schule nötig. In der Natur hat formale Schule keine Funktion.

Bei der Kindererziehung machen viele Eltern den gleichen Fehler, den ich im Obstgarten gemacht habe. Zum Beispiel ist es genauso unnötig, Kinder Musik zu lehren, wie Bäume zu beschneiden. Das Ohr eines Kindes versteht die Musik. Das Murmeln eines Flusses, der Ton des Froschquakens am Ufer, das Rascheln der Blätter im Wald, all diese natürlichen Töne sind Musik - wahre Musik. Wenn aber eine Vielzahl von störenden Geräuschen auf das Ohr trifft und es verwirrt, verkommt die reine, direkte Wertschätzung der Musik durch das Kind. Wenn man das Kind diesen Weg weitergehen läßt, verliert es die Fähigkeit, den Ruf eines Vogels oder den Ton des Windes als Lieder zu hören. Darum wird Musikerziehung als wohltätig für die Kindesentwicklung angesehen.

Das Kind, das mit einem reinen und klaren Gehör aufgezogen wird, mag nicht in der Lage sein, populäre Lieder auf Geige oder Klavier zu spielen, aber ich glaube nicht, daß das irgendetwas mit der Fähigkeit zu tun hat, die wahre Musik zu hören oder zu singen. Wenn das Herz mit Gesang erfüllt ist, kann das Kind in der Tat als musikalisch begabt gelten.

Fast jeder denkt, daß „Natur" eine gute Sache ist, aber wenige können den Unterschied zwischen natürlich und unnatürlich fassen.

Wenn eine einzige Knospe mit der Schere aus einem Baum herausgeschnitten wird, kann das die Ordnung stören und vielleicht nicht wieder ungeschehen gemacht werden. Wachsen Bäume gemäß ihrer natürlichen Form, sprießen die Zweige abwechselnd aus dem Stamm, und die Blätter bekommen gleichmäßig Sonnenlicht. Wird diese Abfolge unterbrochen, behindern sich die Äste gegenseitig, liegen übereinander und verwirren sich, und wo die Sonne nicht eindringen kann, verdorren die Blätter. Insektenbefall tritt auf. Wenn der Baum im folgenden Jahr nicht beschnitten wird, verwelken noch mehr Zweige.

Mit ihrem Eingreifen tun die Menschen etwas Falsches, sie beheben den Schaden nicht, und wenn sich dann die unerwünschten

Folgen häufen, arbeiten sie mit aller Kraft, um diese zu korrigieren. Sind diese Korrekturmaßnahmen „erfolgreich", meinen sie, diese Maßnahmen seien glänzende Errungenschaften. Die Leute tun das ständig. Es ist so, als würde ein Narr auf seine Dachziegel treten und sie zerbrechen. Wenn es dann zu regnen beginnt und die Decke verrottet, klettert er hinauf, um den Schaden auszubessern und freut sich am Ende über die gelungene Reparatur.

Das trifft auch auf den Wissenschaftler zu. Er grübelt Tag und Nacht über Büchern, überanstrengt seine Augen und wird kurzsichtig. Und wenn man sich fragt, über was in aller Welt er die ganze Zeit gearbeitet hat - an der Erfindung von Brillengläsern zur Korrektur von Kurzsichtigkeit.

Rückkehr zum Ursprung

Gegen den langen Griff meiner Sense gelehnt, halte ich in meiner Arbeit im Obstgarten inne und schaue hinüber zu den Bergen und ins Dorf hinunter. Ich wüßte gerne, wie es kommt, daß die Philosophien der Menschen schneller wechseln als die Jahreszeiten.

Der Weg, dem ich gefolgt bin, die natürliche Art des Anbaus, die den meisten Leuten sonderbar vorkommt, wurde zuerst als Reaktion auf den Fortschritt und die rücksichtslose Nutzbarmachung der Wissenschaft interpretiert. Aber alles, was ich hier auf dem Lande mit meiner Arbeit getan habe, ist der Versuch, zu zeigen, daß die Menschheit nichts weiß. Weil die Welt sich mit solch heftiger Kraft in die entgegengesetzte Richtung bewegt, mag es so aussehen, als wäre ich in die Vergangenheit zurückgefallen. Aber ich glaube fest daran, daß der Weg, dem ich folge, der vernünftigste ist.

In den letzten Jahren ist die Zahl der Menschen, die sich für natürlichen Anbau interessieren, beträchtlich angewachsen. Es scheint so, als wäre die Grenze der wissenschaftlichen Entwicklung erreicht. Es kommen Zweifel auf, und die Zeit der Neubewertungen ist gekommen. Das, was als primitiv und rückständig galt, wird nun plötzlich als der modernen Wissenschaft weit voraus angesehen. Das mag einem zuerst merkwürdig erscheinen, ich finde es aber überhaupt nicht seltsam.

Ich sprach vor einiger Zeit mit Professor Iinuma von der Universität Kyoto darüber. Vor tausend Jahren wurde in Japan Landwirtschaft ohne Pflügen praktiziert, und die Einführung der Oberflächen-Bodenbearbeitung begann erst mit der Tokugawa-Ära vor drei- bis vierhundert Jahren. Tiefes Pflügen gelangte mit westlicher Landwirtschaft nach Japan. Ich sagte, die nächste Generation werde angesichts der Zukunftsprobleme zur Nichtbearbeitungsmethode zurückkehren.

Auf einem ungepflügten Feld anzubauen, ist zuerst anscheinend ein Rückschritt zur primitiven Landwirtschaft, aber über die Jahre hat sich diese Methode in Universitätslaboratorien und landwirtschaftlichen Versuchszentren überall im Lande als die einfachste, wirksamste und modernste Methode überhaupt erwiesen. Obwohl diese Anbauweise der modernen Wissenschaft den Rücken kehrt, steht sie nun an der Spitze moderner landwirtschaftlicher Entwicklung.

Ich stellte die „Direkteinsaat-Nichtbearbeitungs-Wintergetreide-Reis-Abfolge" vor 20 Jahren in Fachzeitschriften vor. Danach wurde sie oft beschrieben und der Öffentlichkeit viele Male im Radio und im Fernsehen vorgestellt, aber niemand schenkte ihr viel Aufmerksamkeit.

Jetzt verhält es sich plötzlich ganz anders. Man könnte sagen, natürlicher Anbau ist in Mode gekommen. Journalisten, Professoren und Forscher strömen zusammen, um meine Felder und die Hütten auf dem Berg zu besichtigen.

Dabei sehen die verschiedenen Leute je nach Standpunkt unterschiedliche Dinge. Sie interpretieren und gehen dann wieder. Einer empfindet es als primitiv, ein anderer als rückständig, ein dritter bezeichnet es als Triumph moderner Agrarwissenschaft, und ein vierter begrüßt es als Durchbruch in die Zukunft. Im allgemeinen sind die Leute nur an der Frage interessiert, ob diese Anbauweise ein Fortschritt in die Zukunft oder das Aufleben vergangener Zeiten darstellt. Nur wenige begreifen wirklich, daß natürliche Landwirtschaft aus der unbeweglichen und unveränderlichen Mitte landwirtschaftlicher Entwicklung entspringt.

Im gleichen Maße, wie Menschen sich von der Natur lösen, entfernen sie sich immer weiter von ihrem eigenen Mittelpunkt. Doch es setzt sich eine Gegenkraft durch, das Verlangen, zur Natur zurückzukehren entsteht. Wenn die Menschen aber nur reagieren, und je nachdem, wie es die Umstände erfordern, nach links oder nach rechts gehen, ist das Ergebnis nur noch mehr Aktivität. Der unbewegliche Ursprung, der außerhalb des Reiches der Relativität liegt, wird unbeachtet übergangen. Ich glaube, daß sogar die „Rückkehr zur Natur"- und Anti-Umweltverschmutzungs-Aktivitäten - egal wie lobenswert sie sind - sich nicht auf eine echte Lösung zubewegen, wenn sie einzig eine Reaktion auf die Überentwicklung des gegenwärtigen Zeitalters sind.

Die Natur verändert sich nicht, auch wenn sich die Ansichten über die Natur von Zeitalter zu Zeitalter verändern. Natürlicher Anbau aber ist - unabhängig vom Zeitalter - immer der Urquell der Landwirtschaft.

Warum natürlicher Anbau kaum verbreitet ist

In den letzten 20 oder 30 Jahren ist die Methode des Reis- und Wintergetreideanbaus in vielen Klimazonen und unter verschiedenen natürlichen Bedingungen getestet worden. In fast jeder Präfektur in Japan liefen Untersuchungen, die die Erträge der „Direkteinsaat-Nichtbearbeitung" mit jenen des normalen Reisanbaus und der üblichen Hügel-und-Graben-Kultivierung von Roggen und Gerste verglichen. Diese Versuche haben nichts ergeben, was die universelle Anwendbarkeit der natürlichen Landwirtschaft widerlegen könnte.

Deshalb kann man fragen, warum sich diese Wahrheit nicht verbreitet hat. Ich denke, einer der Gründe ist, daß die Welt sich derart spezialisiert hat, daß es für die Menschen unmöglich geworden ist, irgendetwas in seiner Gesamtheit zu erfassen. Zum Beispiel untersuchte ein Experte für Insektenschäden die Frage, warum es in meinen Feldern so wenig Reis-Blattflöhe gebe, obwohl ich keine Insektizide verwendet hatte. Bei der Untersuchung des Feldes, des Gleichgewichtes zwischen Insekten und ihren natürlichen Feinden, der Verbreitungsrate von Spinnen und so fort, wurde festgestellt, daß die Blattflöhe in meinen Feldern genauso selten waren wie in Feldern, die häufig mit einer Vielzahl von tödlichen Chemikalien gespritzt worden waren.

Der Professor war auch überrascht, als er feststellte, daß die natürlichen Feinde in meinen Feldern viel zahlreicher waren als in den gespritzten Feldern, während die Zahl der schädlichen Insekten gering war. Dann dämmerte ihm, daß die Felder durch ein natürliches Gleichgewicht, das sich unter den verschiedenen Insektengemeinschaften gebildet hatte, in diesem Zustand gehalten wurden. Er bestätigte, daß, falls meine Methode allgemein übernommen würde, das Problem der Ernteschäden durch Blattflöhe gelöst werden könne. Dann stieg er ins Auto und kehrte an sein Forschungsinstitut in Kochi zurück.

Aber wenn man nun fragt, ob daraufhin auch die Spezialisten für Bodenfruchtbarkeit oder Feldfrüchte des Instituts hierher gekommen sind, so ist die Antwort nein - sie kamen nicht. Und wenn man auf einer Konferenz vorschlagen würde, diese Methode - oder vielmehr Nicht-Methode - in Großversuchen zu testen, nehme ich an, man würde antworten: „Leider ist es dafür noch zu früh. Wir müssen zuerst Forschungen aus allen möglichen Blickwinkeln durchführen, bevor wir unsere endgültige Genehmigung erteilen können." Es würde Jahre dauern, bis es zu einer Entscheidung käme.

Solche Dinge passieren ständig. Spezialisten und Techniker aus ganz Japan sind auf meinen Hof gekommen. Jeder hat die Felder vom Standpunkt seiner eigenen Spezialisierung aus als zumindest befriedigend, wenn nicht als bemerkenswert bezeichnet. Aber in den fünf oder sechs Jahren, die vergangen sind, seit der Professor des Forschungsinstituts hier war, hat sich in der Präfektur Kochi wenig verändert.

Dieses Jahr hat der landwirtschaftliche Zweig der Universität Kinki ein Team für ein Projekt zur natürlichen Landwirtschaft zusammengestellt. Studenten verschiedener Abteilungen werden hierher kommen, um Forschungen durchzuführen. Dieser Ansatz mag ein Schritt voran sein, aber ich habe das Gefühl, daß bald wieder zwei Schritte in die entgegengesetzte Richtung folgen könnten.

Selbsternannte Experten bemerken oft: „Die Grundidee dieser Methode ist in Ordnung, wäre es aber nicht bequemer, mit der Maschine zu ernten?" oder: „Wäre der Ertrag nicht höher, wenn Sie in bestimmten Fällen oder zu bestimmten Zeiten Dünger oder Pestizide benutzen würden?" Es gibt immer welche, die natürliche und wissenschaftliche Landwirtschaft zu vermischen versuchen. Aber diese Denkweise verfehlt völlig den Kern. Der Bauer, der sich auf Kompromisse einläßt, kann die Wissenschaft nicht mehr grundsätzlich kritisieren.

Natürliche Landwirtschaft ist sanft und leicht und weist auf eine Rückkehr zum Ursprung. Ein einziger Schritt vom Ursprung weg führt nur in die Irre.

Die Menschheit kennt die Natur nicht

Vor kurzem dachte ich, bald müsse der Punkt erreicht sein, wo Wissenschaftler, Politiker, Künstler, Philosophen, Männer der Religion und alle, die auf den Feldern arbeiten, hier zusammenkommen, über die Felder blicken und die Dinge gemeinsam besprechen sollten. Ich denke, so etwas muß passieren, damit Menschen über ihre Spezialisierungen hinausschauen können.

Wissenschaftler glauben, daß sie die Natur verstehen. Diesen Standpunkt nehmen sie ein. Weil sie überzeugt sind, daß sie die Natur verstehen können, haben sie sich der Erforschung und dem Gebrauch der Natur gewidmet. Ich aber glaube, ein Verständnis der Natur liegt außerhalb der Reichweite menschlicher Intelligenz.

Ich sage den jungen Leuten in den Hütten auf dem Berg, die hierher kommen, um auszuhelfen und natürliche Landwirtschaft zu lernen, oft, daß jeder die Bäume oben am Berg sehen könne. Sie können das Grün der Blätter sehen, sie können die Reispflanzen sehen. Sie glauben zu wissen, was Grün ist. Im täglichen Kontakt mit der Natur glauben sie manchmal, daß sie die Natur verstehen. Aber sobald sie glauben, daß sie die Natur zu verstehen beginnen, können sie sicher sein, daß sie auf dem falschen Weg sind.

Warum ist es unmöglich, die Natur zu kennen? Das, was man sich unter Natur vorstellt, ist nur die Idee von Natur, die im Kopf eines jeden entsteht. Nur Kinder sehen die wahre Natur. Sie sehen, ohne zu denken, echt und klar. Schon wenn man die Namen von Pflanzen kennt - einen Mandarin-Orangenbaum der Zitrusfruchtfamilie, eine Kiefer der Kiefernfamilie - sieht man die Natur nicht in ihrer wahren Form.

Ein Ding, das vom Ganzen abgetrennt gesehen wird, ist nicht das wirkliche Ding.

Spezialisten aus verschiedenen Disziplinen kommen zusammen und betrachten einen Reishalm. Die Insektenkrankheitsspezialisten sehen nur Insektenbefall, den Spezialisten für Pflanzenernährung interessiert nur die Vitalität der Pflanze. So wie die Dinge heute stehen, ist das unvermeidlich.

Als der Herr vom Forschungsinstitut bei mir die Beziehungen zwischen Reis-Blattflöhen und Spinnen untersuchte, sagte ich zu ihm: „Professor, weil Sie über Spinnen forschen, sind Sie nur an einem der vielen natürlichen Feinde der Blattflöhe interessiert. In diesem Jahr gibt es Spinnen in großer Zahl, aber voriges Jahr waren es Kröten. Und davor dominierten Frösche, es gibt unzählige Variationen."

Für spezialisierte Forschung ist es unmöglich, die Rolle eines einzelnen Räubers zu einer bestimmten Zeit innerhalb des Beziehungsgeflechts der Insekten zu begreifen. Es gibt Jahre, in denen es wenig Blattflöhe gibt, weil es viele Spinnen gibt. Es gibt Zeiten, wo viel Regen fällt und Frösche die Spinnen zum Verschwinden bringen, andere, in denen nur wenig Regen fällt und weder Blattflöhe noch Frösche auftreten.

Methoden der Insektenkontrolle, die die Beziehungen zwischen den Insekten ignorieren, sind nutzlos. Forschung über Spinnen und Blattflöhe muß auch die Beziehung zwischen Fröschen und Spinnen bedenken. Wenn die Dinge diesen Punkt erreicht haben, wird auch ein Frosch-Professor gebraucht werden. Spinnen- und Blattflohexperten, ein Experte für Reis und ein weiterer für Bewässerungsfragen, sie alle müssen an dem Treffen teilnehmen.

Übrigens gibt es vier oder fünf verschiedene Spinnenarten in meinen Feldern. Ich erinnere mich, daß vor einigen Jahren früh morgens jemand zum Haus herübergerannt kam und mich fragte, ob ich meine Felder mit einem Seidennetz oder ähnlichem bedeckt hätte. Ich wußte nicht, wovon er redete, ich eilte hinaus, um es mir anzusehen. Wir hatten gerade die Reisernte beendet, und über Nacht waren die Reisstoppeln und niedrigen Gräser mit Spinnennetzen wie mit Seide bedeckt worden. Es wehte und glitzerte im Morgendunst, ein großartiger Anblick.

Das Wunder an diesem Ereignis - es tritt überhaupt nur sehr selten auf - ist, daß es nur ein oder zwei Tage dauert. Wenn man es sich aus der Nähe anschaut, kann man auf jedem Quadratzentimeter mehrere Spinnen sehen. Auf einem Stück Land muß es Tausende, ja Millionen davon geben! Nach zwei oder drei Tagen sieht man, daß Spinnweben von mehreren Metern Länge abgerissen sind und im Wind herumwehen, an jeder einzelnen hängen fünf oder sechs Spinnen, die wie Löwenzahn oder Tannenzapfensamen vom Wind fortgeblasen werden. Die jungen Spinnen hängen an den Fäden und segeln in den Himmel.

Das ist ein wunderbares Naturschauspiel. Wenn man so etwas sieht, begreift man, daß auch Dichter und Künstler bei dem Treffen dabei sein sollten.

Wenn Chemikalien auf ein Feld gebracht werden, ist das alles sofort vernichtet. Ich habe einmal gedacht, daß es nicht falsch sein könne, Asche von der Feuerstelle auf die Felder zu verteilen. (Fukuoka kompostiert seine Holzasche und andere organische Haushaltsabfälle. Den Kompost verwendet er in seinem kleinen Küchengarten.) Das Resultat war erstaunlich. Zwei oder drei Tage später gab es keine Spinnen mehr auf dem Feld. Die Asche hatte ihre Netze zerstört. Wieviele tausend Spinnen fielen einer einzigen Handvoll dieser anscheinend harmlosen Asche zum Opfer? Ein Insektizid einzusetzen heißt nicht nur, Blattflöhe samt ihren natürlichen Freßfeinden zu eleminieren. Viele andere wesentliche Prozesse der Natur werden mitbetroffen.

Das Phänomen dieser großen Spinnenschwärme, die auf den herbstlichen Reisfeldern auftreten und dann über Nacht verschwinden, ist noch nicht geklärt. Niemand weiß, wo sie herkommen, wie sie den Winter überstehen oder wohin sie gehen, wenn sie verschwinden.

Der Gebrauch von Chemikalien ist also nicht allein ein Problem für Insektenkundler. Philosophen, Theologen, Künstler und Dichter müssen mitentscheiden, ob es zulässig ist oder nicht, Chemikalien in der Landwirtschaft anzuwenden. Sie müssen gemeinsam über die Resultate sprechen, auch wenn man nur organischen Dünger verwendet.

Wir ernten etwa 1200 Kilo Reis und die gleiche Menge Wintergetreide auf jedem Morgen dieses Landes. Manchmal kommt es vor, daß wir 1500 Kilo pro Morgen ernten, im ganzen Land gibt es keine bessere Ernte. Da die fortgeschrittene Technologie nichts mit dem Anbau dieses Getreides zu tun hat, steht das im Widerspruch zu den Vorstellungen moderner Wissenschaft. Jeder, der kommt und diese Felder sieht und ihre Botschaft anerkennt, wird tiefe Zweifel bei der Frage hegen, ob die Menschen die Natur kennen können oder nicht und ob die Natur in den Grenzen des menschlichen Verstehens erklärt werden kann oder nicht.

Die Ironie ist, daß Wissenschaft lediglich dazu gedient hat, zu zeigen, wie wenig der Mensch weiß.

Kapitel II

Vier Prinzipien der natürlichen Landwirtschaft

Geht mit Bedacht durch diese Felder. Libellen und Motten fliegen gestört auf, Bienen summen von Blüte zu Blüte. Wir teilen die Blätter und sehen Insekten, Spinnen, Frösche, Eidechsen und viele andere kleine Tiere, die sich im kühlen Schatten tummeln. Maulwürfe und Regenwürmer graben unter der Erdoberfläche. Das ist ein im Gleichgewicht befindliches Reisfeld-Ökosystem. Insekten und Pflanzengemeinschaften stehen hier in einer stabilen Beziehung. Nicht selten bleibt die Ernte dieser Felder unberührt, wenn diese Gegend von einer Pflanzenkrankheit heimgesucht wird.

Schauen wir kurz hinüber auf das Nachbarfeld. Die Unkräuter sind durch Herbizide und Bearbeitung getilgt worden. Die Bodentierchen und Insekten sind durch das Gift ebenfalls getötet worden. Die organischen Bestandteile der Erde und die Mikroorganismen wurden durch chemischen Dünger verbrannt. Im Sommer sieht man auf diesen Feldern Bauern bei der Arbeit. Sie tragen Gasmasken und lange Gummihandschuhe. Die Reisfelder, die seit 1500 Jahren kontinuierlich bewirtschaftet wurden, sind nun durch die ausbeuterischen Anbaupraktiken einer einzigen Generation verwüstet worden.

Vier Prinzipien

Das erste heißt: **keine Bodenbearbeitung.** Das bedeutet, kein Pflügen oder Umwenden der Erde. Seit Jahrhunderten nehmen die Bauern an, daß der Pflug zum Anbau von Feldfrüchten unentbehrlich ist. Für natürliche Landwirtschaft ist jedoch Nicht-Bearbeitung fundamental. Die Erde kultiviert sich selbst auf natürliche Weise, mit Hilfe der Durchdringung von Pflanzenwurzeln und der Aktivität von Mikroorganismen, kleinen Tieren und Regenwürmern.

Das zweite Prinzip lautet: **kein chemischer Dünger oder aufbereiteter Kompost** (zur Düngung baut Fukuoka eine Leguminosen-Bodendeckung aus weißem Klee an, bringt das gedroschene Stroh aufs Feld zurück und fügt etwas Geflügelmist hinzu.) Die Menschen greifen in die Natur ein, und wie sehr sie sich auch mühen, die daraus resultierenden Wunden können sie nicht heilen. Ihre sorglosen Anbaupraktiken entziehen der Erde wichtige Nährstoffe, und das Ergebnis ist die immer stärkere Erschöpfung des Landes.

Wird die Erde sich selbst überlassen, hält sie ihre Fruchtbarkeit auf natürliche Weise und im Einklang mit den Ordnungszyklen von pflanzlichem und tierischem Leben aufrecht.

Das dritte Prinzip: **keine Unkrautbekämpfung durch Bearbeiten oder Herbizide.** Unkräuter spielen ihre Rolle beim Aufbau der Bodenfruchtbarkeit und beim Ausbalancieren der biologischen Gemeinschaft. Grundsätzlich sollte Unkraut kontrolliert, nicht beseitigt werden. Strohmulch, eine zwischen die Frucht gesäte Bodendeckung aus weißem Klee und zeitweiliges Überfluten sorgen auf meinen Feldern für eine wirksame Unkrautkontrolle.

Das vierte Prinzip ist: **keine Abhängigkeit von Chemikalien.** (Fukuoka baut sein Getreide ohne jegliche Chemikalien an. Bei manchen Obstbäumen benutzt er gelegentlich eine Maschinenölemulsion zur Kontrolle des Insektenbestandes. Er verwendet keine resistenten oder Breitspektrum-Gifte und führt kein Pestizid-„Programm" durch.) Nachdem sich als Resultat unnatürlicher Praktiken wie Pflügen und Düngen schwache Pflanzen entwickelten, wurden Krankheiten und Insektenungleichgewichte für den Bauern zu einem großen Problem. Die sich selbst überlassene Natur ist in vollkommenem Gleichgewicht. Schädliche Insekten und Pflanzenkrankheiten sind immer gegenwärtig, treten aber in der Natur nicht in dem Maße auf, daß der Gebrauch von giftigen Chemikalien erforderlich wäre. Der vernünftige Weg zu Krankheits- und Insektenkontrolle ist, kräftige Pflanzen in einer gesunden Umwelt aufzuziehen.

Kultivierung

Wenn der Boden bearbeitet wird, verändert sich die natürliche Umwelt bis zur Unkenntlichkeit. Die Auswirkungen dessen bereiten den Bauern seit unzähligen Generationen Alpträume. Wenn ein Stück Natur unter den Pflug genommen wird, beherrschen zum Beispiel manchmal sehr kräftige Unkräuter wie Salzkraut und Ampfer die Vegetation. Setzt sich dieses Unkraut fest, sieht sich der Bauer der fast unmöglichen Aufgabe gegenüber, ständig zu jäten. Oft wird das Land aufgegeben.

Im Umgang mit Problemen wie diesem ist die einzig vernünftige Lösung, mit den naturwidrigen Praktiken aufzuhören, die eine bestimmte Situation erst herbeigeführt haben. Der Bauer muß den Schaden, den er verursacht hat, auch beseitigen. Mit Bodenbearbeitung sollte Schluß gemacht werden. Praktiziert man sanfte Techniken wie Strohmulch oder Kleesaat, anstatt mit menschengemachten Chemikalien und Maschinen einen Vernichtungskrieg gegen die Natur zu führen, dann wird die Umwelt zu ihrem früheren natürlichen Gleichgewicht zurückfinden, und sogar lästiges Unkraut kann unter Kontrolle gebracht werden.

Dünger

Im Gespräch mit Bodenexperten ist eine meiner Standardfragen: „Wenn ein Feld sich selbst überlassen bleibt, steigert oder erschöpft sich dann die Bodenfruchtbarkeit?" Meist machen sie eine Pause und sagen dann etwas wie: „Nun, da muß ich überlegen... sie erschöpft sich. Nein, nicht wenn man bedenkt, daß sich die Ernte bei jahrelangem Reisanbau auf dem gleichen Feld und ohne Dünger bei etwa 250 Kilo pro Morgen einpendelt. Die Erde würde weder angereichert noch erschöpft werden."

Diese Spezialisten reden von einem bearbeiteten, überfluteten Feld. Wenn die Natur sich selbst überlassen wird, steigt die Fruchtbarkeit. Organische Rückstände von Pflanzen und Tieren sammeln sich und werden auf der Bodenoberfläche von Bakterien und Pilzen zersetzt. Durch das Regenwasser werden die Nährstoffe tief in die Erde getragen und sind dort Nahrung für Mikroorganismen, Regenwürmer und andere kleine Tiere. Pflanzenwurzeln reichen in die tieferen Erdschichten hinunter und holen die Nährstoffe zurück zur Oberfläche.

Wenn Ihr Euch eine Vorstellung von natürlicher Fruchtbarkeit machen wollt, geht ab und an zu den wilden Berghängen und seht Euch die riesigen Bäume an, die ohne Dünger und ohne Pflege wachsen. Die Fruchtbarkeit der Natur liegt jenseits unseres Vorstellungsvermögens.

Zerstört man die natürliche Waldbodendeckung und pflanzt einige Generationen lang Kiefern oder Zedern, so laugt die Erde aus und wird der Erosion preisgegeben. Auf der anderen Seite kann man versuchen, einen kahlen Hang, nackte rote Tonerde, mit Kiefern und Zedern und einer Bodenbedeckung aus Klee und Alfalfa zu bepflanzen. Während die Gründüngung (Bodenbedeckerpflanzen wie Klee, Wicke und Alfalfa, die den Boden verbessern und nähren) die Erde anreichert und lockert, wachsen Unkräuter und Büsche unter den Bäumen, und ein reicher Regenerationszyklus beginnt. Es gibt Fälle, bei denen die oberen 10 Zentimeter Boden in weniger als 10 Jahren aufgebaut wurden.

Auch zum Anbau landwirtschaftlicher Nutzpflanzen kann die Verwendung von fertigem Dünger aufgegeben werden. Meist ist es ausreichend, wenn der Boden ständig mit Gründüngung bedeckt ist und das gesamte Stroh zurückgeführt wird. Um tierischen Dünger zum besseren Verkompostieren des Strohs zur Verfügung zu haben, habe ich meist Enten frei auf den Feldern herumlaufen lassen. Fängt man, wenn die Sämlinge noch klein sind, mit Entenküken an, wachsen die Enten zusammen mit dem Reis auf. Zwanzig Enten liefern den nötigen Mist für einen Morgen Land, sie tragen auch zur Unkrautkontrolle bei.

Ich habe dies viele Jahre praktiziert, bis der Bau einer Autobahn durch meine Felder es den Enten unmöglich machte, über die Straße und zurück zum Stall zu gelangen. Jetzt verwende ich etwas Hühnermist, um das Stroh zu verkompostieren. In anderen Gegenden sind Enten oder andere kleine grasende Tiere immer noch die praktischste Möglichkeit.

Die Zuführung von zuviel Dünger kann zu Problemen führen. In einem Jahr, direkt nach der Reispflanzung, pachtete ich für ein Jahr 5000 Quadratmeter frisch bepflanzte Reisfelder. Ich ließ alles Wasser von den Feldern ablaufen und arbeitete ohne chemischen Dünger, nur mit einer kleinen Menge Hühnermist. Vier der Felder entwickelten sich normal. Aber auf dem fünften wurden die Reispflanzen zu dick, und sie waren von Mehltau befallen. Als ich mit dem Besitzer darüber sprach, erfuhr ich, daß er das Feld den Winter über als Ablageplatz für Hühnermist benutzt hatte.

Mit Stroh, Gründüngung und etwas Geflügelmist kann man hohe Erträge erzielen, ohne Kompost oder kommerzielle Dünger zu verwenden. Seit mehreren Jahrzehnten lege ich nun die Hände in den Schoß und beobachte, wie die Natur kultiviert und düngt. Und während ich mir das ansehe, habe ich Rekorderten an Gemüse, Zitrusfrüchten, Reis und Wintergetreide, sozusagen als Geschenk der natürlichen Fruchtbarkeit der Erde.

Umgang mit Unkraut

Hier zur Erinnerung einige wichtige Punkte für den Umgang mit Unkraut:

Sobald die Bodenbearbeitung beendet wird, sinkt die Anzahl von Unkräutern deutlich. Auch die Unkrautsorten werden sich verändern.

Wenn man Samen aussät, während die vorangehende Ernte noch auf dem Feld reift, keimen diese Samen vor den Unkräutern. Winterunkraut sprießt erst, nachdem der Reis abgeerntet ist, und zu diesem Zeitpunkt hat das Wintergetreide schon einen Vorsprung.

Sommerunkraut sprießt direkt nach der Gersten- und Roggenernte, aber der Reis wächst schon kräftig. Plant man die Aussaaten so, daß es zwischen aufeinanderfolgenden Ernten keinen Leerlauf gibt, hat das Getreide gegenüber dem Unkraut einen großen Vorsprung. Wird direkt nach der Ernte das ganze Feld mit Stroh bedeckt, unterdrückt dies das Keimen des Unkrauts. Auch weißer Klee, zusammen mit Getreide als Untersaat ausgebracht, hilft, das Unkraut unter Kontrolle zu halten.

Der übliche Weg, mit Unkraut fertigzuwerden, ist, die Erde zu bearbeiten. Aber wenn man umgräbt, werden tief in der Erde liegende Samen, die sonst niemals gekeimt hätten, nach oben befördert und erhalten eine Keimchance. Daher könnte man sagen, daß der Bauer, der durch Bodenbearbeitung das Unkraut zu kontrollieren versucht, buchstäblich die Samen seines eigenen Unglücks sät.

„Schädlings"-Kontrolle

Es gibt immer noch einige Leute, die meinen, wenn man keine Chemikalien benutzt, verdorren Obstbäume und Feldfrüchte vor ihren Augen. Tatsache ist aber, daß die Leute durch den *Gebrauch* dieser Chemikalien unwissentlich die Bedingungen herbeiführen, unter denen diese Furcht zur Realität werden könnte.

Kürzlich haben japanische Kiefern durch eine Kieferborkenkäferplage schwere Schäden erlitten. Waldarbeiter haben versucht, den Schaden durch Spritzungen aus dem Hubschrauber einzudämmen. Ich leugne nicht, daß das kurzfristig wirksam ist, ich weiß aber, es muß einen anderen Weg geben.

Käferbefall ist, so besagen neueste Forschungen, keine direkte Plage, sondern folgt auf das Auftreten bestimmter Nematoden (Bodenälchen). Die Nematoden leben und pflanzen sich im Stamm fort, blockieren den Nährstoff- und Wassertransport und verursachen letztlich, daß die Bäume verdorren und absterben. Die wirkliche Ursache ist natürlich noch nicht geklärt.

Nematoden leben von einem Pilz im Baumstamm. Warum ist dieser Pilz so gewachsen? Hat sich der Pilz erst vermehrt, als die Nematoden schon da waren? Oder traten die Nematoden auf, weil der Pilz schon da war? Das Ganze reduziert sich auf die Frage, was zuerst da war, der Pilz oder die Nematoden.

Es gibt noch eine weitere Mikrobe, über die sehr wenig bekannt ist, und die den Pilz stets begleitet, sowie ein Virus, das für den Pilz giftig ist. In jeder Richtung folgt Wirkung auf Wirkung. Das Einzige, was mit Sicherheit gesagt werden kann, ist, daß die Kiefern in ungewöhnlich großer Zahl absterben.

Die Leute können nicht wissen, was die wahre Ursache des Kiefernsterbens ist, noch können sie wissen, welche Folgen ihre „Heilmittel" letztendlich haben. Wird unwissend in die Situation eingegriffen, sät das nur die Samen für die nächste Katastrophe. Nein, ich kann mich nicht an dem Wissen freuen, daß der unmittelbare Schaden durch die Käfer mit Hilfe chemischer Spritzungen reduziert worden ist. Der Gebrauch von Chemikalien ist der ungeeignetste Weg, um mit solchen Problemen umzugehen und wird in Zukunft nur zu noch größeren Problemen führen.

Diese vier Prinzipien der natürlichen Landwirtschaft (keine Bodenbearbeitung, kein chemischer Dünger oder fertiger Kompost, keine Unkrautbeseitigung durch Jäten oder Herbizide und keine Abhängigkeit von Chemikalien) fügen sich in die natürliche Ordnung ein und führen zur Ergänzung des Reichtums der Natur. Alle meine Versuche sind diesem Weg gefolgt. Er ist das Herz meiner Methode, Gemüse, Getreide und Zitrusfrüchte anzubauen.

Landwirtschaft inmitten von Unkraut

Auf meinen Feldern wachsen viele verschiedene Unkrautarten zusammen mit dem Getreide und dem Klee. Das im letzten Herbst auf dem Feld ausgebreitete Reisstroh hat sich schon zu gutem Humus zersetzt.

Gestern, als Professor Kawase, eine führende Autorität für Wiesengräser, und Professor Hiroe, der alte Pflanzen erforscht, die feine Verteilung von Gerste und Leguminosen auf meinen Feldern sahen, nannten sie es ein wundervolles Kunstwerk. Ein Bauer aus der Umgebung, der erwartet hatte, meine Felder völlig von Unkraut überwuchert zu sehen, war überrascht, daß die Gerste so kräftig zwischen den vielen anderen Pflanzen wächst. Auch technische Experten sind hier gewesen, haben überall Unkraut, Brunnenkresse und

Klee wachsen sehen und sind, erstaunt mit dem Kopf schüttelnd, wieder gegangen.

Vor 20 Jahren, als ich zu ständiger Bodendeckung in Obstgärten ermunterte, war im ganzen Land kein Grashalm auf Feldern oder in Obstgärten zu sehen. Als die Leute Obstgärten wie die meinen sahen, erkannten sie, daß Obstbäume sehr gut inmitten von Unkräutern und Gräsern wachsen können. Heute sind mit Gras bewachsene Obstgärten in ganz Japan üblich und die ohne Gras selten geworden.

Bei Getreidefeldern ist es ebenso. Reis, Gerste und Roggen können erfolgreich auf Feldern angebaut werden, die das ganze Jahr über mit Klee und Unkraut bedeckt sind.

Ich will die jährlichen Aussaat- und Erntepläne auf meinen Feldern im Detail darlegen. Im frühen Oktober, vor der Ernte, werden Klee und die Samen schnellwachsender Wintergetreidearten breitwürfig zwischen die reifenden Reisstengel ausgesät. (Pro 1000 Quadratmeter wird etwa 1 Pfund weißer Klee gesät, Wintergetreide etwa 6,5 bis 13 Pfund. Für unerfahrene Bauern oder bei harten oder kargen Böden ist es sicherer, am Anfang etwas mehr auszusäen. Sobald die Erde sich durch das verrottende Stroh und die Gründüngung allmählich verbessert und der Bauer mit der Direkteinsaat-Nichtbearbeitungs-Methode vertrauter wird, kann die Saatmenge reduziert werden.) Klee und Gerste oder Roggen keimen und wachsen 2-5 Zentimeter, bis der Reis erntereif ist. Während der Reisernte werden die sprießenden Samen von den Füßen der Schnitter niedergetrampelt, erholen sich aber in kürzester Zeit wieder. Wenn das Dreschen beendet ist, wird das Reisstroh auf dem Feld verteilt.

Wenn Reis im Herbst gesät wird und unbedeckt bleibt, werden die Samen oft von Mäusen und Vögeln gefressen, oder sie verrotten manchmal auf dem Boden. Daher umgebe ich die Reissamen vor dem Säen mit kleinen Lehmklümpchen. Die Samen werden in einer flachen Schale oder einem Korb in einer kreisförmigen Bewegung hin und her geschüttelt. Über sie wird fein zerstäubter Lehm gepudert, der von Zeit zu Zeit mit einem feinen Wassernebel besprüht wird. Herauskommen winzige *Pellets* von etwa einem Zentimeter Durchmesser.

Es gibt noch eine andere Methode, um diese Pellets herzustellen. Zuerst wird der ungeschälte Reissamen mehrere Stunden in Wasser eingeweicht. Dann werden die Samen durch Kneten mit den Händen oder Füßen mit feuchtem Lehm vermischt. Anschließend wird der Lehm durch ein Sieb aus Hühnerdraht gedrückt, um ihn in kleine Klumpen zu teilen. Diese Klümpchen sollten einen oder zwei Tage trocknen, bevor sie leicht zwischen den Handflächen zu Pellets gerollt werden können. Idealerweise steckt in jedem Pellet ein Samen. Man kann an einem Tag genug Pellets herstellen, um mehrere Morgen einzusäen.

Wenn es die Umstände erfordern, schließe ich manchmal auch die Samen anderer Getreide oder Gemüse vor dem Säen in Pellets ein.

Zwischen Mitte November und Mitte Dezember ist eine gute Zeit, um die Pellets mit den Reissamen zwischen die jungen Gerste- oder Roggenpflanzen breitwürfig auszusäen. Sie können aber auch im Frühling ausgesät werden. (Pro 1000 Quadratmeter werden 4,5 bis 9 Pfund Reis gesät. Gegen Ende April prüft Fukuoka die Keimung des im Herbst gesäten Reises und streut, wenn nötig, noch mehr Pellets aus.) Über die Felder wird eine dünne Schicht Hühnermist verteilt, um die Zersetzung des Strohs zu unterstützen, und das Pflanzen des Jahres ist beendet.

Im Mai wird das Wintergetreide geerntet. Nach dem Dreschen wird alles Stroh auf dem Feld ausgebreitet.

Dann darf auf dem Feld eine Woche bis 10 Tage Wasser stehen. Das schwächt die Unkräuter und den Klee und ermöglicht es dem Reis, durch das Stroh zu sprießen. Im Juni und Juli reicht den Pflanzen das Regenwasser. Im August wird etwa eine Woche lang frisches Wasser in die Felder geleitet, ohne daß es stehen darf. Nun steht die Herbsternte bevor.

So sieht der Jahresablauf des Reis-/Wintergetreideanbaus nach der natürlichen Methode aus. Aussaat und Ernte erfolgen so nah am natürlichen Muster, daß dies eher als natürlicher Prozeß denn als landwirtschaftliche Technik bezeichnet werden könnte.

Ein Bauer braucht nur ein oder zwei Stunden, um die Samen auszusäen und das Stroh auf 1000 Quadratmeter auszubreiten. Mit Ausnahme der Erntearbeiten kann Wintergetreide von ihm ganz allein angebaut werden, und es sind nur zwei oder drei Leute nötig, um all die Arbeiten zu verrichten, die bei der Bestellung eines Reisfeldes mit den traditionellen japanischen Werkzeugen anfallen. Es gibt wahrscheinlich keine leichtere und einfachere Methode für den Getreideanbau. Er erfordert wenig mehr als breitwürfig auszusäen und Stroh auszubreiten, aber ich brauchte 30 Jahre, um zu dieser Schlichtheit zu gelangen.

Diese Anbauweise hat sich den natürlichen Bedingungen der japanischen Inseln gemäß herausgebildet. Ich glaube aber, natürliche Landwirtschaft kann auch in anderen Gegenden und mit anderen jeweils heimischen Feldfrüchten praktiziert werden.

In Gebieten, wo wenig Wasser verfügbar ist, könnte Hochlandreis oder anderes Getreide wie Buchweizen oder Hirse gezogen werden. Anstelle des weißen Klees könnten sich andere Kleearten, Alfalfa, Wicke oder Lupine als passende Feldbedeckung eignen. Natürliche Landwirtschaft nimmt ihre charakteristische Form im Einklang mit den spezifischen Bedingungen des Gebietes an, in dem sie praktiziert wird.

Bei der Umstellung auf diese Anbauweise kann es am Anfang nötig sein, zu jäten, zu kompostieren oder zu beschneiden, aber diese Maßnahmen sollten allmählich jedes Jahr verringert werden. Schließlich ist der wichtigste Faktor nicht zunehmende Technik, sondern eher der Bewußtseinsstand des Bauern.

Anbau mit Stroh

Mulchen mit Stroh könnte man als ziemlich unbedeutend ansehen, für meine Methode des Reis- und Wintergetreideanbaus ist es aber von fundamentaler Bedeutung. Es hat mit allem zu tun: mit Fruchtbarkeit, mit dem Keimen, mit Unkraut, mit der Fernhaltung von Sperlingen, mit Bewässerung. Der Gebrauch von Stroh beim Anbau ist - in der praktischen Anwendung und in der Theorie - eine entscheidende Sache. Das ist etwas, was ich den Leuten anscheinend nicht verständlich machen kann.

Stroh ungeschnitten ausbreiten

Das Versuchszentrum von Okayama macht auf 80 Prozent der zur Verfügung stehenden Experimentierfelder Versuche mit Reisanbau in Direkteinsaat. Als ich vorschlug, das Stroh ungeschnitten zu verteilen, dachten sie offenbar, das könne nicht richtig sein und starteten die Versuche, nachdem sie das Stroh mit einem mechanischen Häcksler kleingeschnitten hatten. Als ich vor ein paar Jahren einmal hinfuhr, stellte ich fest, daß die Felder in solche mit gehäckseltem Stroh, mit ungeschnittenem Stroh und ohne Stroh aufgeteilt worden waren. Das ist genau das, was ich lange getan hatte, und da es mit ungeschnittenem Stroh am besten funktioniert, nehme ich ungeschnittenes Stroh.

50

Herr Fuji, Lehrer an der Landwirtschaftlichen Hochschule von Yasuki in der Präfektur Shimane, wollte die Direkteinsaat versuchen und kam auf meinen Hof. Ich sagte ihm, er solle auf seinem Feld ungeschnittenes Stroh verteilen.

Im folgenden Jahr kam er wieder und erzählte, daß der Versuch fehlgeschlagen war. Ich hörte ihm genau zu und stellte fest, daß er das Stroh gerade und ordentlich wie in einem japanischen Hausgarten hingelegt hatte. Wenn man es so macht, können die Samen nicht gut keimen. Ebenso verhält es sich beim Roggen- und Gerstenstroh. Wenn es zu ordentlich ausgelegt wird, haben es die Spößlinge zu schwer, durchzustoßen. Es ist am besten, das Stroh einfach ungeordnet hinzuwerfen, genau wie die Halme natürlicherweise gefallen wären.

Reisstroh eignet sich gut als Mulch für Wintergetreide, und das Stroh von Wintergetreide ist für den Reis am besten. Ich möchte das richtig verstanden wissen. Es gibt verschiedene Reiskrankheiten, die die Ernte anstecken, wenn frisches Reisstroh auf einem Reisfeld ausgebreitet wird. Diese Reiskrankheiten infizieren jedoch nicht das Wintergetreide, und wenn das Reisstroh im Herbst verteilt wird, hat es sich völlig zersetzt, wenn der Reis im folgenden Frühling hervorsprießt.

Frisches Reisstroh ist für anderes Getreide gut, genau wie Buchweizenstroh, und das Stroh anderer Getreidearten kann für Reis und Buchweizen verwendet werden. Frisches Stroh von Wintergetreide wie Weizen, Roggen und Gerste sollte also nicht als Mulch für gleiche Getreidearten benutzt werden, da Krankheiten auftreten können.

Das gesamte Stroh und auch die Schalen und Hülsen, die nach dem Dreschen übrigbleiben, sollten baldmöglichst auf das Feld zurückgebracht werden.

Stroh verbessert den Boden

Strohmulch erhält die Bodenstruktur und bereichert die Erde, so daß Kunstdünger überflüssig wird. Das ist natürlich an Nicht-Bearbeitung gekoppelt. Meine Felder sind wahrscheinlich die einzigen in Japan, die seit über 20 Jahren nicht mehr gepflügt worden sind und deren Bodenqualität sich mit jedem Jahr verbessert.

Ich schätze, daß die humusreiche Oberflächenschicht in dieser Zeit bis in eine Tiefe von mehr als 10 Zentimeter angereichert wurde. Dies resultiert hauptsächlich daraus, daß dem Boden alles, was auf dem Feld gewachsen ist, zurückgegeben wurde, außer dem Getreide selbst.

Kompostbereitung ist unnötig

Es ist unnötig, Kompost zu bereiten. Ich sage nicht, daß man keinen Kompost braucht - nur, daß es unnötig ist, schwer dafür zu arbeiten. Wenn das Stroh im Frühling oder Herbst auf dem Feld liegengelassen und mit einer dünnen Schicht Hühner- oder Entenmist bedeckt wird, zersetzt es sich in sechs Monaten vollständig.

Um Kompost nach der üblichen Methode herzustellen, arbeitet der Bauer wie verrückt in der heißen Sonne, hackt das Stroh, gibt Wasser und Kalk zu, wendet den Haufen und karrt ihn hinaus aufs Feld. Er macht es sich selbst zu schwer, weil er meint, dies sei ein „besserer Weg". Ich würde es lieber sehen, wenn die Leute einfach Stroh, Spreu oder Holzspäne auf den Feldern ausstreuten.

Auf Reisen durch Westjapan habe ich bemerkt, daß das Stroh nun grober gehackt wird als zu der Zeit, als ich anfing, zu empfehlen, es ungeschnitten zu verteilen. Ich muß den Bauern das zugute halten. Aber die modernen Experten von heute sagen immer noch, es wäre am besten, nur soundsoviel Stroh pro 1000 Quadratmeter zu verwenden. Warum empfehlen sie nicht, alles Stroh auf das Feld zurückzubringen? Wenn man aus dem Zugfenster schaut, sieht man Bauern, die ungefähr die Hälfte des Strohs schneiden und auf dem Feld verteilen und den Rest beiseite schaffen, damit er im Regen verfault.

Würden sich alle Bauern in Japan zusammentun und anfangen, alles Stroh wieder auf ihren Feldern zu verteilen, wäre das Ergebnis eine gewaltige Kompostmenge, die der Erde zurückgegeben würde.

Keimen

Hunderte von Jahren haben die Bauern große Sorgfalt darauf verwendet, die Saatbeete für den Anbau kräftiger, gesunder Reissämlinge vorzubereiten. Die kleinen Beete wurden behandelt, als ob sie der Familienaltar wären. Die Erde wurde bearbeitet, Sand und die Asche verbrannter Reishüllen wurden verstreut, und es wurde für das Gedeihen der Sämlinge gebetet.

Es ist daher nicht verwunderlich, daß die Leute hier im Dorf dachten, ich müsse nicht bei Verstand sein, Samen auszustreuen, während das Wintergetreide noch auf dem Feld steht, inmitten von Unkraut und sich zersetzendem Stroh.

Natürlich keimen die Samen gut, wenn sie direkt auf ein gut bearbeitetes Feld gestreut werden, wenn es aber regnet und das Feld sich in Schlamm verwandelt, kann man es nicht betreten und darauf herumlaufen, und die Aussaat muß verschoben werden. Die Nicht-

Bearbeitungsmethode ist in diesem Punkt zuverlässig, auf der anderen Seite aber gibt es Probleme mit kleinen Tieren wie Eidechsen, Grillen, Mäusen und Schnecken, die gerne die Samen fressen. Das Lehmkügelchen, in das der Samen eingeschlossen wird, löst dieses Problem.

Bei der Aussaat des Wintergetreides ist es die übliche Methode, die Samen auszusäen und sie mit Erde zu bedecken. Wenn die Samen zu tief gelegt werden, verrotten sie. Ich pflegte die Samen in winzige Löcher im Boden zu werfen, oder in Furchen, ohne sie mit Erde zu bedecken. Mit beiden Methoden erlebte ich aber viele Fehlschläge.

Neuerdings bin ich faul, und statt Furchen oder Löcher in den Boden zu machen, verpacke ich die Samen in Lehmkügelchen und werfe sie direkt aufs Feld. Das Keimen funktioniert an der Oberfläche, wo Sauerstoff ist, am besten. Ich habe festgestellt, daß dort, wo die Kügelchen mit Stroh bedeckt sind, die Samen gut keimen und nicht einmal in Jahren mit schweren Regenfällen verfaulen.

Stroh schützt vor Unkraut und Sperlingen

Im Idealfall liefern 1000 Quadratmeter etwa 450 Kilo Gerstenstroh. Wenn alles Stroh wieder auf dem Feld verstreut wird, ist die Oberfläche vollständig abgedeckt. Sogar ein lästiges Unkraut wie Salzkraut - das schwierigste Problem in der Direkteinsaat-/Nicht-Bearbeitungs-Methode - kann unter Kontrolle gehalten werden.

Sperlinge haben mir eine Menge Kopfschmerzen bereitet. Direkteinsaat kann keinen Erfolg haben, wenn es keinen verläßlichen Weg gibt, um mit diesen Vögeln fertig zu werden. Und es gibt viele Orte, wo sich Direkteinsaat gerade wegen dieses Problems nur langsam ausgebreitet hat. Viele Leute haben ihre Probleme mit Spatzen.

Ich erinnere mich an Zeiten, als diese Vögel mir folgten und all die Samen, die ich gesät hatte, aufpickten, noch bevor ich die zweite Hälfte des Feldes fertig gesät hatte. Ich probierte Vogelscheuchen und Netze und Drähte mit klappernden Dosen aus, aber nichts schien wirklich gut zu funktionieren. Und falls eine dieser Methoden zufällig erfolgreich war, hielt ihre Wirkung nicht länger als ein oder zwei Jahre an.

Meine Erfahrung hat mir gezeigt, daß durch Aussaat, während die vorhergehende Ernte noch auf dem Feld steht, so daß die Samen zwischen Gräsern und Klee verborgen sind, sowie durch Verteilung einer Mulchschicht aus Reis-, Roggen- oder Gerstenstroh, wenn das reife Getreide geerntet ist, das Problem mit den Sperlingen am besten gelöst wird.

Ich habe im Laufe der Jahre eine Menge Fehler gemacht und Fehlschläge aller Art erlebt. Ich weiß wahrscheinlich mehr darüber, was beim Anbau landwirtschaftlicher Produkte falsch laufen kann, als irgend jemand anders in Japan. Als ich zum ersten Mal beim Reis- und Wintergetreideanbau Erfolg mit der Nicht-Bearbeitungsmethode hatte, fühlte ich mich wohl so, wie Columbus sich gefühlt haben muß, als er Amerika entdeckte.

Reisanbau auf einem trockenen Feld

Anfang August sind die Reispflanzen bei meinem Nachbarn schon hüfthoch, während sie in meinen Feldern nur etwa halb so groß sind. Leute, die gegen Ende Juli zu Besuch kommen, fragen immer skeptisch: „Fukuokasan, gedeiht dieser Reis auch richtig?" „Sicher", antworte ich, „kein Grund zur Sorge."

Ich versuche nicht, hohe schnellwachsende Pflanzen mit großen Blättern anzubauen. Stattdessen halte ich die Pflanzen so kompakt wie möglich, ich halte die Ähre klein, überfüttere die Pflanze nicht und lasse sie gemäß der natürlichen Form von Reispflanzen aufwachsen.

Normalerweise produzieren hohe Reispflanzen üppige Blätter und erwecken den Eindruck, die Pflanze müsse eine Menge Körner produzieren, aber es sind nur die beblätterten Stengel, die kräftig wachsen. Die Stärkeproduktion ist hoch, aber der Wirkungsgrad ist gering. Und es wird soviel Energie für vegetatives Wachstum verbraucht, daß nicht viel im Korn gelagert wird. Wenn hohe, übergroße Pflanzen zum Beispiel 1000 Kilo Stroh erbringen, wird der Reisertrag etwa 500 bis 1000 Kilo betragen. Bei kleinen Reispflanzen, wie die in meinen Feldern, erbringen 1000 Kilo Stroh 1000 Kilo Reis. Bei einer guten Ernte erreicht der Reisertrag von meinen Pflanzen etwa 1200 kg, das bedeutet, er ist 20 Prozent schwerer als das Stroh.

Auf einem trockenen Feld angebaute Reispflanzen werden nicht groß. Sie erhalten gleichmäßig Sonnenlicht, das bis zum Boden und den tieferen Blättern reicht. Eine Blattgröße von 6 Quadratzentimetern reicht, um 1 Reiskorn zu erzeugen. 3 oder 4 kleine Blätter sind genug, um 100 Reiskörner in der Ähre zu erzeugen. Ich säe großzügig und erziele etwa 300-350 korntragende Halme (25-30 Pflanzen) pro Quadratmeter. Hat man viele Sprosse und versucht nicht, große Pflanzen zu ziehen, kann man ohne Schwierigkeiten große Ernten erzielen. Das ist auch bei Weizen, Roggen, Buchweizen, Hafer, Hirse und anderen Getreiden so.

Natürlich ist die übliche Methode, während der Wachstumszeit mehrere Zentimeter Wasser im Reisfeld stehen zu haben. Die Bauern haben so viele Jahrhunderte Reis in Wasser angebaut, daß die meisten Leute glauben, er könne nicht anders gezogen werden. Die Kultursorten von „Naßfeld"-Reis sind ziemlich kräftig, wenn sie auf überfluteten Feldern angebaut werden, aber es ist nicht gut für die Pflanze, so aufgezogen zu werden. Reispflanzen wachsen am besten, wenn der Wassergehalt im Boden zwischen 60 und 80 Prozent seiner Speicherfähigkeit beträgt. Wird das Feld nicht überflutet, entwickeln die Pflanzen kräftigere Wurzeln und sind extrem widerstandsfähig gegen Krankheits- und Insektenbefall.

Der Hauptgrund für den Reisanbau in einem überfluteten Feld ist der, das Unkraut durch Schaffung einer Umwelt zu kontrollieren, in der nur eine begrenzte Zahl von Unkräutern überleben kann. Was überlebt, muß von Hand herausgezogen oder mit einem Handjät-Gerät entwurzelt werden. Bei dieser traditionellen Methode muß diese zeitraubende Knochenarbeit in jeder Wachstumsperiode mehrere Male wiederholt werden.

Im Juni während des Monsuns halte ich für etwa eine Woche Wasser im Feld. Wenige Unkräuter, die auf trockenen Feldern wachsen, können überleben, selbst wenn die Zeit ohne Sauerstoff so kurz ist, und auch der Klee welkt und wird gelb. Hierbei geht es nicht darum, den Klee abzutöten, sondern ihn nur zu schwächen, damit es den Reisschösslingen ermöglicht wird, sich durchzusetzen. Wenn das Land entwässert ist (so bald wie möglich), taucht der Klee wieder auf und breitet sich unter den wachsenden Reispflanzen wieder als Bodendeckung aus. Danach tue ich fast gar nichts in Sachen Wasser. In der ersten Hälfte der Zeit bewässere ich überhaupt nicht. Sogar in Jahren mit sehr wenig Regen bleibt der Boden unter der Bedeckung aus Stroh und Gründüngung feucht. Im August lasse ich etwas Wasser hinein, erlaube ihm aber nicht, stehenzubleiben.

Wenn man einem Bauern eine Reispflanze von meinem Feld zeigt, wird er sofort erkennen, daß sie so aussieht, wie eine Reispflanze aussehen sollte und daß sie die ideale Form hat. Er wird erkennen, daß die Saat natürlich gesprossen ist und nicht umgepflanzt worden ist, daß die Pflanze nicht in viel Wasser gewachsen sein kann und daß keine chemischen Dünger eingesetzt wurden. Jeder Bauer kann diese Dinge ganz selbstverständlich anhand der Pflanze als Ganzes erkennen, anhand der Form der Wurzeln, anhand der Abstände der Blattansätze am Hauptstengel. Wenn man die ideale Form begreift, ist die Frage nur noch, wie man eine Pflanze dieser Form unter den spezifischen Bedingungen des eigenen Feldes anbaut.

Ich stimme nicht mit Professor Matsushimas Meinung überein, daß es am besten ist, wenn das vierte Blatt von der Pflanzenspitze ab das längste ist. Manchmal erzielt man die besten Resultate, wenn das zweite oder das dritte das längste ist. Wenn das Wachstum verzögert ist, solange die Pflanze jung ist, wird oft das oberste oder das zweite am längsten, und es wird noch eine große Ernte erzielt.

Professor Matsushimas Theorie leitet sich von Experimenten ab, in denen zarte Reispflanzen mit Dünger im Anzuchtbeet angebaut und später umgepflanzt wurden. Mein Reis ist dagegen im Einklang mit dem natürlichen Lebenszyklus der Reispflanze gewachsen, gerade so, als ob er wild gewachsen wäre. Ich warte geduldig, daß die Pflanze sich in ihrem eigenen Tempo entwickelt und reift.

In den letzten Jahren habe ich eine alte Gluten-Reissorte ausprobiert. Jeder Samen, im Herbst ausgesät, produzierte im Duchschnitt 12 Stengel mit etwa 250 Körnern. Ich glaube, mit dieser Sorte werde ich eines Tages in der Lage sein, annähernd die von der das Feld errreichenden Sonnenenergie her theoretisch größtmögliche Ernte zu erzielen. In einigen Bereichen meiner Felder sind mit dieser Sorte bereits Ernten von 2000 Kilo pro Morgen erreicht worden.

Mit den zweifelnden Augen des Fachmanns gesehen, ist meine Methode des Reisanbaus ein kurzfristiges oder vorläufiges Ergebnis. „Würde das Experiment länger durchgeführt werden, träten sicherlich einige Probleme auf", sagt er vielleicht. Ich baue aber seit über 20 Jahren Reis so an. Die Erträge steigen immer noch, und der Boden wird jedes Jahr besser.

Obstbäume

Ich baue auch mehrere Zitrusfruchtarten an den Hängen bei meinem Haus an. Nach dem Krieg, als ich mit Landwirtschaft begann, hatte ich 7000 Quadratmeter Zitrusbäume und 1500 Quadratmeter Reis, heute umfassen die Zitrusbäume allein 50000 qm. Ich bin zu diesem Land gekommen, weil ich umliegende Berghänge übernahm, die aufgegeben worden waren. Ich habe sie von Hand bearbeitet.

Die Kiefern auf einigen dieser Hänge waren ein paar Jahre zuvor abgeholzt worden, und alles, was ich tat, war, auf den Höhenlinien Löcher zu graben und die Zitrussetzlinge zu pflanzen. Auf den Baumstümpfen waren schon Schößlinge zu sehen und mit der Zeit gediehen auch japanisches Pampasgras, Cogongras und Brombeeren. Die Zitrussetzlinge gingen in einem Gewirr von Vegetation unter.

Die meisten Kiefernschößlinge schnitt ich ab, einigen erlaubte ich, als Windschutz weiterzuwachsen. Dann schnitt ich das Dickicht und die grasige Bodenbedeckung zurück und pflanzte Klee.

Nach sechs oder sieben Jahren trugen die Zitrusbäume endlich Früchte. Die Erde hinter den Bäumen schaufelte ich fort und legte Terrassen an. Der Obsthain unterschied sich nur noch wenig von anderen.

Natürlich hielt ich die Prinzipien, den Boden nicht zu bearbeiten und keine Insektizide oder Unkrautvernichtungsmittel zu verwenden, aufrecht. Eine interessante Sache war, daß es anfangs, als die Sämlinge unter den wiederausgeschlagenen Waldbäumen wuchsen, kaum Schadinsekten gab. Als das Dickicht und die Baumschößlinge weggeschnitten wurden, sah das Land weniger wild und eher wie ein Obstgarten aus. Erst dann kamen die Insekten.

Es ist das beste, einen Obstbaum von Anfang an seiner natürlichen Form folgen zu lassen. Der Baum wird jedes Jahr Früchte tragen, und Beschneiden ist nicht notwendig. Ein Zitrusbaum folgt dem gleichen Wachstumsmuster wie eine Zeder oder Kiefer, das heißt, ein einzelner Mittelstamm wächst gerade hoch, mit abwechselnd abzweigenden Ästen. Natürlich wachsen nicht alle Zitrusbaumarten genau in die gleiche Größe und Form. Die Hassaku- und Shaddock-Sorten wachsen sehr hoch, Winter-Unshu-Mandarinenbäume sind niedrig und dick, die frühen Sorten der Satsuma-Mandarinenbäume sind im Reifezustand klein, aber jeder Baum hat einen zentralen Stamm.

Tötet die natürlichen Raubinsekten nicht!

Ich glaube, jeder weiß, daß die meisten Obst-„Ungeziefer" natürliche Feinde haben, und es unnötig ist, Insektizide anzuwenden, um sie unter Kontrolle zu halten. Eine Zeit lang wurde das Insektizid Fusol in Japan benutzt. Die natürlichen Raubinsekten wurden völlig vernichtet, die daraus resultierenden Probleme bestehen in vielen Gebieten bis heute. Durch diese Erfahrung sind, glaube ich, viele Bauern zu der Erkenntnis gelangt, daß es nicht erstrebenswert ist, die Räuber zu vernichten, weil auf lange Sicht größere Insektenschäden entstehen.

Was Milben und Läuse betrifft: wenn man im Hochsommer eine Lösung aus Maschinenöl (für Raubinsekten eine relativ harmlose Chemikalie) in 200- bis 400facher Verdünnung versprüht, können die Insektengemeinschaften ihr natürliches Gleichgewicht danach wieder erlangen, und das Problem regelt sich meist von selbst. Das funktioniert nicht, wenn im Juni oder Juli schon ein organisches Phosphor-Pestizid benutzt wurde, da diese Chemikalie auch die Raubinsekten tötet.

Ich sage nicht, daß ich die Verwendung sogenannter harmloser, „organischer" Sprays wie Salz-Knoblauch-Lösung oder Maschinenölemulsion befürworte, auch bin ich nicht dafür, ausländische Raubinsektenarten in den Obstgarten zu bringen, um lästige Insekten zu kontrollieren. Die Bäume werden im gleichen Maß geschwächt und von Insekten befallen, wie sie von ihrer natürlichen Form abweichen. Wenn Bäume gezwungenermaßen einem unnatürlichen Wachstumsmuster folgen und dann sich selbst überlassen bleiben, verwirren sich die Zweige, und es tritt Insektenbefall auf. Ich habe schon erzählt, wie ich auf diese Weise mehrere Morgen Zitrusbäume vernichtet habe.

Wenn diese Bäume aber allmählich korrigiert werden, kehren sie zumindest annähernd zu ihrer natürlichen Form zurück. Die Bäume werden kräftiger, und Maßnahmen zur Insektenkontrolle erübrigen sich. Wenn ein Baum sorgfältig gepflanzt wird und von Anfang an seinen natürlichen Formen folgen darf, sind Beschneiden oder Spritzmittel aller Art überflüssig. Die meisten Setzlinge sind beschnitten oder ihre Wurzeln in der Baumschule beschädigt worden, bevor sie in den Obstgarten verpflanzt werden, das macht Beschneiden von Anfang an notwendig.

Um die Erde im Obstgarten zu verbessern, versuchte ich, verschiedene Baumarten zu pflanzen. Unter anderem auch die Morishima-Akazie. Dieser Baum wächst das ganze Jahr und bildet zu jeder Jahreszeit neue Knospen. Die Blattläuse, die sich von diesen Knospen ernähren, fingen an, sich in großen Mengen zu vermehren. Die Marienkäfer ernährten sich von den Läusen, und bald vermehrten auch sie sich. Nachdem die Marienkäfer alle Läuse vertilgt hatten, krabbelten sie hinunter zu den Zitrusbäumen und fingen an, andere Insekten wie Milben und Wolläuse zu fressen.

Früchte anzubauen ohne die Bäume zu beschneiden, ohne zu düngen oder chemische Spritzmittel zu verwenden, ist nur in einer natürlichen Umwelt möglich.

Der Boden im Obstgarten

Es versteht sich von selbst, daß Bodenverbesserung die wichtigste Sache beim Obstanbau ist. Wenn man chemischen Dünger benutzt, wachsen die Bäume höher, aber die Erde laugt Jahr für Jahr mehr aus. Chemische Dünger entziehen der Erde ihre Vitalität. Auch wenn sie nur eine Generation lang verwendet werden, leidet die Erde stark darunter.

Es gibt keinen besseren Weg in der Landwirtschaft, als den Boden ständig zu verbessern. Vor zwanzig Jahren war das Äußere meines Berges nackter roter Ton, so hart, daß man keine Schaufel hineinstecken konnte. Ein Gutteil des Landes hier war so. Die Leute bauten Kartoffeln an, bis sich der Boden erschöpft hatte, und gaben dann die Felder auf. Man könnte sagen, daß mein Verdienst war - eher als Zitrusfrüchte und Gemüse hier oben anzubauen - dazu beigetragen zu haben, die Fruchtbarkeit der Erde wiederherzustellen.

Wie ging ich daran, diese unfruchtbaren Berghänge wiederzubeleben? Nach dem Krieg wurde propagiert, einen Zitrusgarten tief zu bearbeiten und Löcher zur Beigabe von organischer Materie zu graben. Als ich von der Versuchsstation zurückkehrte, habe ich dies in meinem Obstgarten probiert. Nach ein paar Jahren kam ich zu der Erkenntnis, daß diese Methode nicht nur physisch ermüdend, sondern auch einfach überflüssig ist, was die Verbesserung des Bodens betrifft.

Zuerst grub ich Stroh und Farne ein, die ich vom Berg herunter gebracht hatte. Ladungen von einem Zentner und mehr zu tragen war eine schwere Arbeit, und doch gab es nach zwei oder drei Jahren nicht einmal eine Handvoll Humus. Die Löcher, die ich für das organische Material gegraben hatte, sackten ein und wurden zu offenen Gruben.

Als nächstes versuchte ich Holz zu vergraben. Es sieht erst einmal so aus, als sei Stroh das beste Mittel zur Bodenverbesserung, aber nach der Menge der gebildeten Erde zu urteilen ist Holz besser. Das ist gut, solange man Bäume zum Fällen hat. Aber für jemanden, der keine Bäume in der Nähe hat, ist es besser, das Holz direkt im Obstgarten zu produzieren, als es von weit her heranzuschleppen.

In meinem Obstgarten gibt es Kiefern und Zedern, ein paar Birnbäume, Dattelpflaumen, Loquats, japanische Kirschen und viele andere einheimische Sorten, die zwischen den Zitrusbäumen wachsen. Einer der interessantesten Bäume - obwohl kein einheimischer - ist die Morishima-Akazie. Das ist der gleiche Baum, den ich vorne schon in Verbindung mit Marienkäfern und natürlichem Schutz durch Freßfeinde erwähnte. Das Holz ist hart, die Blüten ziehen Bienen an, und die Blätter eignen sich gut als Futter. Er trägt dazu bei, Insektenschäden im Obstgarten zu verhüten, dient als Windschutz und die Rhizobium-Bakterien, die in seinen Wurzeln leben, nähren die Erde. Dieser Baum wurde vor einigen Jahren aus Australien nach Japan eingeführt und wächst schneller als jeder andere Baum, den ich kenne. Er bildet in wenigen Monaten tiefe Wurzeln, und in sechs oder sieben Jahren ist er so groß wie ein Telefonmast. Zusätzlich bindet dieser Baum den Stickstoff im Boden, so daß beim Pflanzen von 6 bis 10 Bäumen pro 1000 Quadratmeter die Bodenverbesserung bis in die tieferen Erdschichten getragen werden kann. Und man braucht keine schweren Lasten vom Berg herunter zu schleppen.

Zur Verbesserung der Humusschicht habe ich eine Mischung aus weißem Klee und Alfalfa auf den unfruchtbaren Boden gesät. Es dauerte mehrere Jahre, bis diese Mischung Fuß faßte, aber schließlich keimte sie und bedeckte die Obsthänge. Ich pflanzte auch japanischen Rettich (*daikon*). Die Wurzeln dieses herzhaften Gemüses dringen tief in die Erde ein, steuern organisches Material bei und öffnen Kanäle für die Luft- und Wasserzirkulation. Er sät sich leicht selbst wieder aus, und nachdem man ihn einmal gesät hat, kümmert er sich um sich selbst.

Als die Erde reichhaltiger wurde, kam auch das Unkraut wieder. Nach sechs oder sieben Jahren verschwand der Klee beinahe unter dem Unkraut. Deshalb streute ich im Spätsommer, nach dem Zurückschneiden des Unkrauts (im Sommer mäht Fukuoka die Unkräuter, Dornensträucher und Baumschößlinge, die zwischen den Obstbäumen wachsen, mit einer Sense), etwas mehr Kleesamen aus. Das Resultat dieser dichten Unkraut-/Kleedecke war, daß in den letzten 25 Jahren die Oberflächenschicht der Obstgartenerde, die harter Ton gewesen war, locker, dunkelfarbig und reich an Regenwürmern und organischem Material wurde.

Durch diese Gründüngung, die die Oberflächenschicht düngt, und durch die Wurzeln der Morishima-Akazie, die den Boden tiefgründig verbessern, kann man sehr gut ohne weiteren Dünger auskommen. Es ist auch nicht nötig, den Boden zwischen den Bäumen zu bearbeiten. Mit hohen Bäumen als Windschutz, Zitrusbäumen in der Mitte und einer Gründüngerdecke darunter, habe ich einen Weg gefunden, wenig zu arbeiten und den Garten sich selbst zu überlassen.

Gemüse wie Wildpflanzen anbauen

Jetzt möchte ich über Gemüseanbau reden. Man kann entweder einen Hausgarten zur Versorgung mit Küchengemüse nutzen oder das Gemüse auf offenem, ungenutzten Land pflanzen.

Was den Hausgarten angeht, so reicht es, zu sagen, daß man das richtige Gemüse zur richtigen Zeit in einer Erde anbauen sollte, die mit organischem Kompost und Mist aufbereitet ist. Die Methode des Gemüseanbaus im alten Japan vertrug sich gut mit dem natürlichen Muster des Lebens. Kinder spielen unter Obstbäumen im Hausgarten. Schweine fressen Küchenabfälle und wühlen in der Erde herum. Hunde bellen und spielen, und der Bauer sät Samen in die gute Erde. Würmer und Insekten gedeihen mit dem Gemüse, Hühner picken nach den Würmern und legen Eier für die Kinder zum Essen.

Bis vor mehr als 20 Jahren baute die typische ländliche Familie in Japan so ihr Gemüse an. Pflanzenkrankheiten wurden dadurch verhütet, die traditionellen Früchte zur rechten Zeit anzubauen, und der Boden wurde durch Fruchtwechsel und durch die Rückführung aller organischen Stoffe auf das Land gesund erhalten. Schädliche Insekten wurden von Hand abgelesen und von den Hühnern gefressen. In Süd-Shikoku gab es eine Hühnerrasse, die Würmer und Insekten vom Gemüse fraß, ohne die Wurzeln oder die Pflanze zu beschädigen.

Einige mögen zuerst skeptisch sein wegen der Verwendung von Tiermist und menschlichem Abfall und das für primitiv und schmutzig halten. Heute wollen viele „sauberes" Gemüse, daher bauen die Bauern es in Gewächshäusern an, ohne überhaupt Erde zu verwenden. Kies-, Sand- und Hydrokultur werden immer populärer. Das Gemüse wird mit chemischen Nährstoffen versorgt und bekommt Licht, das durch eine Kunststoffabdeckung gefiltert wird. Es ist seltsam, daß die Leute gelernt haben, dieses chemisch angebaute Gemüse als „rein" und beruhigt eßbar anzusehen. Lebensmittel, in einer Erde gewachsen, die durch die Arbeit von Würmern, Mikroorganismen und sich zersetzendem tierischen Mist im Gleichgewicht ist, sind die saubersten und gesündesten überhaupt.

Meine Vorstellung ist es, Gemüse auf eine „halbwilde" Weise anzubauen, ein freies Stück Land zu nutzen, ein Flußufer oder offenes Brachland und die Samen einfach auszustreuen und das Gemüse mit dem Unkraut aufwachsen zu lassen. Ich ziehe meine Gemüse an den Berghängen, auf den Flächen zwischen den Zitrusbäumen.

Wichtig ist, den richtigen Pflanzzeitpunkt abzupassen. Die rechte Zeit für das Frühjahrsgemüse ist, wenn das Winterunkraut abstirbt, kurz bevor das Sommerunkraut sprießt. (Diese Methode des Gemüseanbaus ist von Fukuoka durch Versuch und Experiment in Einklang mit örtlichen Bedingungen entwickelt worden. In Ehime gibt es zuverlässigen Frühlingsregen und ein Klima, das zu jeder Jahreszeit für Gemüseanbau warm genug ist. Durch die Jahre hindurch hat er ausprobiert, welches Gemüse zwischen welches Unkraut gepflanzt werden kann und wieviel Sorgfalt auf jedes verwendet werden muß. In den meisten Gegenden ist Fukuokas spezielle Methode nicht durchführbar. Es ist an jedem, der Gemüse halbwild anbauen will, selbst, eine Technik zu entwickeln, die an das Land, das Klima und die natürliche Vegetation angepaßt ist.)

Für die Herbstsaat werden die Samen ausgestreut, wenn das Sommergras gelb wird und die Winterunkräuter noch nicht da sind.

Am besten wartet man auf Regen, von dem man annimmt, daß er ein paar Tage dauert. Man schneidet eine Bresche ins Unkraut und streut dann die Samen aus. Es ist nicht nötig, sie mit Erde zu bedecken, es reicht, das abgeschnittene Unkraut darüber zu decken, um zu mulchen und die Samen bis zum Keimen vor den Vögeln zu schützen. Normalerweise muß das Unkraut zwei- oder dreimal geschnitten werden, damit die Gemüsepflanzen einen Vorsprung bekommen. Manchmal reicht aber auch ein einziges Mal. Wo das Unkraut dünner steht, braucht man nur zu säen. Die Hühner werden einiges aufpicken, der Rest wird keimen. Sät man in Reihe oder Furche, besteht die Gefahr, daß Käfer oder andere Insekten alles fressen, da auch sie sich in einer geraden Linie fortbewegen. Auch die Hühner merken bald, wo das Unkraut gelichtet ist und kommen, um nach Futter zu suchen. Meiner Erfahrung nach ist es am besten, die Samen einfach willkürlich zu verteilen. Gemüse, die so gezogen werden, sind kräftiger, als gemeinhin angenommen wird. Wenn sie vor dem Unkraut in die Höhe wachsen, werden sie später nicht von oben erdrückt. Es gibt einige Gemüse, wie Spinat oder Karotten, die nur schwer keimen. Das Problem wird gelöst, indem man die Samen ein oder zwei Tage in Wasser legt und dann in ein kleines Tonkügelchen einschließt. Einige Herbstblattgemüse, Rettich und weiße Rüben sind, wenn man sie dicht sät, stark genug, um mit dem Winter- und dem frühen Frühlingsunkraut zu wetteifern. Einige bleiben immer ungeerntet und säen sich selbst jedes Jahr wieder aus. Sie haben einen einzigartigen Geschmack, und man kann sehr interessante Gerichte aus ihnen zubereiten.

Es ist verblüffend, wie viele ungewöhnliche Gemüse auf dem Berg gedeihen. Japanische Rettiche und Rüben wachsen halb in der Erde und halb über der Oberfläche. Karotten und Butzenklette werden oft kurz und dick und haben viele Wurzelhaare, und ich glaube, ihr herber, leicht bitterer Geschmack ist der ihrer ursprünglichen wilden Vorläufer. Knoblauch, japanische Perlzwiebeln und chinesischer Lauch kommen jedes Jahr von selbst wieder.

Hülsenfrüchte werden am besten im Frühjahr gesät. Kuherbsen und Kidneybohnen sind leicht anzubauen und erbringen hohe Erträge. Für Erbsen, rote Azukibohnen, Sojabohnen, Pinto- und Kidneybohnen ist frühes Keimen wichtig. Sie haben Schwierigkeiten zu keimen, wenn es nicht genug regnet, und man muß auch auf die Vögel und Insekten achten.

Tomaten und Auberginen sind, wenn sie jung sind, nicht kräftig genug, um mit dem Unkraut zu wetteifern, sie sollten daher in einem Saatbeet vorgezogen und später gepflanzt werden. Anstatt die Tomaten hochzubinden, läßt man sie am Boden entlang wachsen. Von den Knoten am Hauptstiel wachsen Wurzeln hinunter, und neue Schößlinge kommen hervor und tragen Früchte. Was die Gurken betrifft, ist die auf dem Boden kriechende Sorte am besten. Die jungen Pflanzen muß man etwas umsorgen und gelegentlich das Unkraut beschneiden, danach aber wächst die Pflanze kräftig. Wir legen Bambus oder die Äste eines Baumes aus, und die Gurken ranken ganz darüberhinweg. Die Äste halten die Gurken gerade über dem Boden, so daß sie nicht verfaulen.

Diese Methode des Gurkenanbaus eignet sich auch für Melonen und Squash. Kartoffeln und Taro sind sehr kräftige Pflanzen. Einmal gepflanzt, kommen sie an der gleichen Stelle jedes Jahr wieder, und niemals sind sie vom Unkraut überwachsen. Man läßt bei der Ernte einfach ein paar im Boden. Falls der Boden verhärtet ist, wird zuerst japanischer Rettich angepflanzt. Wenn seine Wurzeln wachsen, kultivieren und lockern sie die Erde, und nach wenigen Wachstumsperioden können stattdessen Kartoffeln angebaut werden.

Weißer Klee ist hilfreich, um Unkraut zurückzuhalten. Er wächst dicht und kann sogar starkes Unkraut wie Beifuß und Salzkraut unterdrücken. Wenn Klee gemischt mit Gemüsesamen gesät wird, ist er lebender Mulch, er reichert die Erde an und hält den Grund feucht und gut belüftet.

Wie bei Gemüse ist es auch bei Klee wichtig, den richtigen Aussaattermin abzupassen. Am besten ist Spätsommer- oder Herbstaussaat. Die Wurzeln entwickeln sich während der kalten Monate, und deshalb ist der Klee dem jährlichen Frühjahrsgras dann einen Schritt voraus. Auch im Frühling ausgesät, macht der Klee sich gut. Er gedeiht entweder breitwürfig oder in Reihen von etwa 30 Zentimetern Abstand ausgesät. Hat der Klee einmal Fuß gefaßt, braucht man ihn fünf, sechs Jahre nicht wieder neu zu säen.

Das Hauptziel dieses halbwilden Gemüseanbaus ist es, auf so natürliche Weise wie möglich Ernten zu erzielen, und zwar auf einem Stück Land, das ansonsten ungenutzt bleiben würde. Der Versuch, mit aufwendigeren Techniken höhere Erträge zu erzielen, endet in einem Mißerfolg. In den meisten Fällen wird der Fehlschlag von Insekten oder Krankheiten verursacht. Wenn verschiedene Kräuter- und Gemüsesorten miteinander gemischt und zwischen der natürlichen Vegetation angebaut werden, bleibt der Schaden durch Insekten und Krankheiten minimal, und es ist unnötig, Spritzmittel zu benutzen oder Käfer von Hand abzulesen.

Man kann überall, wo es vielfältiges und kräftiges Unkrautwachstum gibt, Gemüse anbauen. Es ist wichtig, mit dem jährlichen Zyklus und den Wachstumsmustern der Kräuter und Gräser vertraut zu werden. Wenn man sich Arten und Größe des Unkrauts auf einem bestimmten Fleck ansieht, kann man sagen, wie dort der Boden beschaffen ist und ob ein Mangel vorliegt oder nicht.

In meinem Obstgarten ziehe ich Butzenkletten, Kohl, Tomaten, Karotten, Senf, Bohnen, Rüben und viele andere Arten von Kräutern und Gemüsen auf diese halbwilde Weise.

Wann kann man auf Chemikalien verzichten?

Der Reisanbau in Japan steht an einem wichtigen Scheideweg. Weder Bauern, noch Experten wissen, welchem Weg sie folgen sollen - mit der bisherigen Anbauweise fortfahren oder zur Direkteinsaat übergehen. Und wenn Direkteinsaat, ob mit oder ohne Bearbeitung. Ich sage seit 20 Jahren, daß Direkteinsaat/Nicht-Bearbeitung sich schließlich als der beste Weg erweisen wird. Das Tempo, in dem sich die Direkteinsaat in der Präfektur Okayama ausbreitet, ist bezeichnend. Es gibt Leute, die sagen, es sei undenkbar, sich einer nichtchemischen Landwirtschaft zuzuwenden, um das ganze Land zu ernähren. Sie sagen, Chemie werde gebraucht, um die drei großen Reiskrankheiten zu kontrollieren - Stielfäule, Reismehltau und bakterieller Blattmehltau. Wenn aber die Bauern aufhören würden, schwache „veredelte" Samensorten zu verwenden, der Erde zu viel Stickstoff zuzuführen und zu stark zu bewässern, so daß sich starke Wurzeln entwickeln könnten, würden all diese Krankheiten verschwinden, und chemische Spritzmittel würden überflüssig werden. Anfangs war die rote Tonerde auf meinen Feldern arm und für den Reisanbau ungeeignet. Gelegentlich trat die Braunfleckenkrankheit auf. Als aber die Felder allmählich fruchtbarer wurden, verringerte sich das Vorkommen dieser Krankheit. Seit einiger Zeit hat es keinen Ausbruch mehr gegeben. Gleiches gilt für Insektenschäden. Am wichtigsten ist, die natürlichen Feinde zu töten. Das Feld fortwährend unter Wasser zu halten oder mit stehendem oder verschmutztem Wasser zu bewässern, führt auch zu Insektenproblemen. Die lästigsten Insektenplagen, Sommer- und Winterblattflöhe, können unter Kontrolle gehalten werden, wenn das Wasser aus dem Feld herausgehalten wird.

Grüne Reisblattflöhe, die im Unkraut den Winter überdauern, können Virusüberträger sein. Die Folge ist oft ein Verlust von 10 bis 20

Prozent durch Reismehltau. Wenn aber keine Chemikalien gespritzt werden, gibt es viele Spinnen auf dem Feld, und man kann ihnen die Arbeit überlassen. Spinnen reagieren empfindlich auf den kleinsten menschlichen Eingriff, das muß immer bedacht werden. Die meisten Leute meinen, wenn man chemische Dünger und Insektizide aufgibt, würden die Erträge auf einen Bruchteil des gegenwärtig Üblichen sinken. Experten schätzen, daß die Verluste im ersten Jahr nach Aufgabe des Insektizideinsatzes etwa fünf Prozent betragen würden. Der Verzicht auf Kunstdünger würde wahrscheinlich noch einmal fünf Prozent ausmachen. Das heißt, wenn der Wasserverbrauch im Reisfeld eingeschränkt und die allseits empfohlenen Kunstdünger und Pestizide gemieden würden, betrügen die Verluste im Durchschnitt im ersten Jahr etwa zehn Prozent. Aber die Regenerationskraft der Natur ist unvorstellbar, und nach diesem anfänglichen Verlust würden die Ernten steigen und schließlich die ursprünglichen Werte überschreiten.

Als ich noch bei der Versuchsstation in Kochi war, habe ich Experimente zur Vorbeugung gegen den Stielbohrer durchgeführt. Diese Insekten dringen in die Stiele der Reispflanzen ein, ernähren sich davon und verursachen eine Weißfärbung und das Verdorren des Stengels. Es ist leicht, den Schaden zu schätzen: man zählt, wie viele weiße Reisstengel es gibt. Bei hundert Pflanzen können 10 oder 20 Halme weiß sein. In schweren Fällen, wenn es so aussieht, als sei die ganze Ernte ruiniert, beträgt der tatsächliche Schaden etwa 30 Prozent.

Um zu versuchen, solche Verluste zu vermeiden, wurde ein Reisfeld mit Insektiziden gespritzt, die den Stielbohrer vernichten sollten. Ein anderes Feld blieb unbehandelt. Es stellte sich heraus, daß das unbehandelte Feld mit vielen welken Halmen einen höheren Ertrag erbrachte. Zuerst konnte ich es selbst nicht glauben und dachte, die Zahlen seien falsch. Die Daten schienen aber korrekt zu sein, deshalb forschte ich weiter.

Folgendes war geschehen: Die Stielbohrer hatten durch den Befall der schwächeren Pflanzen eine Art Auslichtungseffekt erzielt. Da einige Halme verdorrten, blieb mehr Raum für die übrigen Pflanzen. Die Sonne konnte so zu den tieferen Blättern vordringen. Die verbleibenden Reispflanzen wuchsen deshalb viel kräftiger, trieben mehr korntragende Halme und produzierten mehr Getreide in den Ähren, als sie es ohne Ausdünnen getan hätten. Wenn die Dichte der Halme zu groß ist und der Überschuß nicht durch Insekten ausgelichtet wird, sehen die Pflanzen zwar gesund aus, in vielen Fällen ist aber die Ernte tatsächlich niedriger.

Sieht man sich die vielen Forschungsberichte an, findet man Resultate zu praktisch jedem chemischen Spritzmittel. Man vergegenwärtigt sich aber meist nicht, daß nur über die Hälfte dieser Ergebnisse berichtet wird. Natürlich hat man nicht die Absicht, etwas zu verbergen, wenn aber bestimmte Resultate von den Chemiefirmen in Werbeanzeigen veröffentlicht werden, ist es genauso, als wären die dem widersprechenden Daten verheimlicht worden. Resultate, die auf niedrigere Erträge hindeuten wie im Experiment mit den Stielbohrern werden als Versuchsfehler eingestuft und aussortiert. Natürlich gibt es Fälle, in denen Insektenvernichtung zu gestiegenen Erträgen führt, es gibt aber andere Fälle, wo der Ertrag gemindert wird. Berichte über Letzteres erscheinen selten gedruckt. Am schwersten ist es wohl, den Bauern vom Gebrauch von Herbiziden abzubringen. Seit alters her leidet der Bauer unter dem „Krieg gegen das Unkraut". Pflügen, Bearbeiten zwischen den Reihen, das Ritual des Reisumpflanzens selbst, alles zielt hauptsächlich auf die Vernichtung des Unkrauts. Vor der Entwicklung von Herbiziden mußte ein Bauer jedes Jahr viele Kilometer durch die überfluteten Reisfelder gehen, ein Jätwerkzeug die Reihen auf und nieder ziehen und das Unkraut von Hand ausziehen. Es ist deshalb leicht zu verstehen, warum diese Chemikalien als Gottesgabe angenommen wurden. Mit der Verwendung von Stroh und Klee und zeitweiliger Überflutung der Felder habe ich einen einfacheren Weg zur Unkrautkontrolle gefunden, ohne die harte Arbeit des Jätens und ohne die Verwendung von Chemikalien.

Grenzen der wissenschaftlichen Methode

Bevor Menschen Forscher werden, sollten sie Philosophen werden. Sie sollten das Ziel des Menschseins erwägen und die Frage, was es ist, das die Menschheit erschaffen sollte. Ärzte sollten zuerst grundsätzlich bestimmen, was es ist, wovon menschliche Wesen im Leben abhängen.

Bei der Anwendung meiner Theorien auf die Landwirtschaft habe ich damit experimentiert, meine Feldfrüchte auf verschiedene Art und Weise anzubauen. Immer mit der Vorstellung, eine der Natur nahe Methode zu entwickeln. Ich habe das getan, indem ich unnötige landwirtschaftliche Praktiken verworfen habe. Die moderne wissenschaftliche Landwirtschaft hat keine solche Vision. Die Forschung wandert ziellos umher, jeder Forscher sieht nur einen Teil der unendlich vielen natürlichen Faktoren, die auf Ernteerträge einwirken. Überdies wechseln diese natürlichen Faktoren je nach Ort und Zeit.

Obwohl es das gleiche Stück Land ist, muß der Bauer seine Früchte jedes Jahr anders anbauen, er muß das Wetter, die Insekten, den Zustand des Bodens und viele andere Einflußfaktoren mit in Betracht ziehen. Die Natur ist überall in ewiger Bewegung. In zwei verschiedenen Jahren sind die Bedingungen niemals genau die gleichen.

Moderne Forschung zergliedert die Natur in winzige Stücke und führt Versuche durch, die weder mit den Naturgesetzen, noch mit praktischen Erfahrungen konform gehen. Die Resultate werden zum Nutzen der Forschung ausgelegt, nicht den Bedürfnissen der Bauern gemäß. Zu meinen, solche Rückschlüsse könnten mit bleibendem Erfolg auf den Feldern genutzt werden, ist ein großer Fehler.

Kürzlich schrieb Professor Tsuno von der Universität Ehime ein dickes Buch über die Beziehung zwischen Pflanzenstoffwechsel und Reisernten. Dieser Professor kommt oft auf mein Feld, gräbt ein paar Schollen, um die Erde zu prüfen, bringt Studenten mit, um den Winkel von Sonnenlicht und Schatten zu messen und was nicht noch alles, und nimmt Pflanzenproben zur Analyse mit ins Labor. Ich frage ihn oft: „Werden Sie, wenn Sie zurückgekehrt sind, Nicht-Bearbeitung und Direkteinsaat ausprobieren?" Er antwortet dann lachend: „Nein, ich überlasse Ihnen die Anwendung. Ich bleibe bei der Forschung."

So ist es nun einmal. Man studiert die Funktion des Pflanzenstoffwechsels und seine Fähigkeit, Nährstoffe aus der Erde aufzunehmen, man schreibt ein Buch und bekommt den Doktor in Agrarwissenschaften. Man fragt aber nicht, ob die Theorie der Assimilation für den Ertrag relevant ist.

Sogar wenn man erklären kann, wie der Stoffwechsel bei einer Durchschnittstemperatur von 25 Grad auf die Produktivität des obersten Blattes einwirkt, gibt es doch Stellen, an denen die Temperatur eben nicht 25 Grad beträgt. Und wenn die Temperatur in Ehime dieses Jahr 25 Grad beträgt, könnte sie nächstes Jahr nur bei 20 Grad liegen. Zu sagen, daß es die Stärkebildung steigert und hohe Erträge produziert, wenn der Stoffwechsel in die Höhe getrieben wird, ist ein Fehler. Die Geographie und die Topographie des Landes, der Zustand der Erde, ihre Struktur, Beschaffenheit und der Wasserabfluß, Sonnenlicht, Insektenbeziehungen, die gesäten Sorten, die Methoden der Kultivierung - wahrhaft eine unendliche Vielzahl von Faktoren - alle müssen berücksichtigt werden. Eine wissenschaftliche Versuchsmethode, die alle relevanten Faktoren in Betracht zieht, ist unmöglich. Man hört heutzutage eine Menge Gerede über die Wohltaten der „Guten-Reis Bewegung" und der „Grünen Revolution". Weil diese Methoden von schwachen, „veredelten" Samensorten abhängen, wird es für den Bauern notwendig, in einer Wachstumsperiode acht oder zehnmal Chemikalien und Insektizide anzuwenden. In kurzer Zeit ist die Erde von Mikroorganismen und organischer Materie „gesäubert". Das Bodenleben ist zerstört, die Produkte werden von Nährstoffen abhängig, die von außen in Form chemischer Dünger beigegeben werden. Es sieht so aus, als würden die Dinge besser gehen, wenn der Bauer „wissenschaftliche" Techniken anwendet. Das bedeutet aber nicht, daß die Wissenschaft zum Retter werden muß, weil die natürliche Fruchtbarkeit unzulänglich ist. Es bedeutet, daß Rettung nötig ist, weil die natürliche Fruchtbarkeit zerstört worden ist. Durch Verteilen von Stroh, Säen von Klee und Rückführen aller organischen Rückstände auf den Boden kann die Erde all die nötigen Nährstoffe wieder selbst zur Verfügung stellen, um auf dem gleichen Feld Jahr für Jahr Reis und Wintergetreide wachsen zu lassen. Durch natürliche Landwirtschaft können Felder, die durch Bearbeitung oder Gebrauch landwirtschaftlicher Chemikalien schon geschädigt worden sind, gerettet werden.

Kapitel III

Ein Bauer wird deutlich

Es gibt zur Zeit in Japan sehr viel Betroffenheit, und zwar berechtigte, über Umweltverschmutzung und die daraus resultierende Vergiftung der Nahrung. Bürger haben Boykotte und große Demonstrationen organisiert, um gegen die Gleichgültigkeit von Politik und Industrie zu protestieren. All diese Aktivitäten aber sind, falls sie im gegenwärtigen Geist weitergeführt werden, vergebliche Mühe. Über die Beseitigung besonderer Fälle von Verschmutzung zu sprechen, ist wie die Symptome einer Krankheit zu behandeln, während die Grundursache des Leidens sich weiterfrißt.

Vor zwei Jahren wurde zum Beispiel vom *Agricultural Management Research Center* zusammen mit dem *Organic Agricultural Council* und der *Nada-Coop* eine Konferenz organisiert, um über Umweltverschmutzung zu diskutieren. Vorsitzender der Konferenz war Teruo Ichiraku, der Chef der *Japanese Organic Farmers Association*, er ist gleichzeitig eine der mächtigsten Figuren in der Landwirtschaftspolitik der Regierung. Die Empfehlungen seines Amtes, welche Pflanzen und Samensorten angebaut, wieviel Dünger verwendet und welche Chemikalien benutzt werden sollten, werden von fast jedem Dorfbauern in Japan befolgt.

Weil solch eine Vielfalt einflußreicher Leute teilnahm, bin auch ich hingegangen, in der Hoffnung, daß weitreichende Aktivitäten beschlossen und verwirklicht werden könnten.

Was die Publizität des Themas Vergiftung der Nahrung angeht, könnte man diese Konferenz für erfolgreich halten. Aber wie bei den anderen Sitzungen entartete die Diskussion in eine Reihe hochspezialisierter Forschungsberichte und persönlicher Darstellungen der Greuel von Nahrungsvergiftungen. Niemand schien bereit, das Problem grundsätzlich anzugehen. In einer Diskussion über Quecksilbervergiftung von Thunfisch zum Beispiel sprach der Repräsentant des Fischereiministeriums davon, wie wahrhaft furchterregend das Problem geworden sei. In jener Zeit wurden Quecksilbervergiftungen täglich im Radio und in Zeitungen diskutiert, und deshalb hörte jeder aufmerksam zu, was er zu sagen hatte.

Der Redner sagte, die Quecksilbermenge in Thunfischen, sogar bei solchen aus dem Atlantischen Ozean und aus der Nähe des Nordpols, sei extrem hoch. Als jedoch ein Laborexemplar, das mehrere hundert Jahre alt war, seziert und analysiert wurde, stellte man fest, daß dieser Fisch, entgegen allen Erwartungen, ebenfalls Quecksilber enthielt. Seine Schlußfolgerung war, Quecksilberkonsum sei für den Fisch lebensnotwendig. Die Leute im Publikum schauten sich ungläubig an. Der Zweck der Zusammenkunft hatte sein sollen, den Umgang mit der Verschmutzung, die schon zu Vergiftungen der Umwelt geführt hatte, festzulegen und Maßnahmen zur Behebung zu ergreifen. Stattdessen stand hier der Repräsentant der Fischereibehörde und behauptete, Thunfisch brauche Quecksilber zum Überleben. Das ist es, was ich meine, wenn ich sage, daß die Leute die wirklichen Ursachen der Verschmutzung nicht begreifen, sondern sie nur von einer engen und oberflächlichen Perspektive aus sehen. Ich stand auf und schlug vor, an Ort und Stelle gemeinschaftlich aktiv zu werden, um einen konkreten Plan zum Umgang mit Verschmutzungen zu erstellen. Wäre es nicht besser, geradewegs über den Stop des Gebrauchs von Chemikalien zu reden, die die Verschmutzungen verursachen? Reis kann zum Beispiel sehr gut ohne Chemikalien angebaut werden, genau wie Zitrusfrüchte, und es ist nicht schwierig, auch Gemüse so anzubauen. Ich sagte, es ginge und daß ich das auf meinem Hof jahrelang praktiziert hätte, daß aber niemand sauberem Anbau eine Chance geben würde, solange die Regierung weiterhin den Gebrauch von Chemikalien unterstützen würde.

Angehörige des Fischereiamtes waren bei dem Treffen genauso zugegen wie Leute vom Landwirtschafts- und Forstministerium und der *Agricultural Coop*. Falls sie und der Vorsitzende der Konferenz, Herr Ichiraku, wirklich etwas hätten in Gang bringen wollen und vorgeschlagen hätten, daß die Bauern überall im Land Reis ohne Chemikalien anbauen sollten, hätten sich weitreichende Veränderungen ergeben können.

Es gab jedoch ein großes Problem. Wenn man ohne landwirtschaftliche Chemikalien, Dünger oder Maschinen anbaut, würden die riesigen Chemiefirmen überflüssig, und die *Agricultural Coop Agency* der Regierung würde zusammenbrechen. Um die Sache auf die Spitze zu treiben, sagte ich, daß die Coops und die Verfechter der modernen Landwirtschaft von großen Kapitalinvestitionen für Dünger und landwirtschaftliche Maschinen abhängig seien, darauf würde ihre Macht basieren. Maschinen und Chemikalien abzuschaffen würde eine völlige Veränderung der wirtschaftlichen und sozialen Strukturen mit sich bringen. Deshalb sähe ich keine Möglichkeit dafür, daß sich Herr Ichiraku, die Coops oder die Regierungsbeamten für Maßnahmen aussprechen, um die Verschmutzung zu beseitigen.

Als ich so redete, sagte der Vorsitzende: „Herr Fukuoka, Sie bringen die Konferenz mit Ihren Bemerkungen durcheinander", und verbot mir den Mund. Nun, das ist es, was passierte.

Eine bescheidene Lösung für ein schwieriges Problem

Es sieht so aus, als ob die Regierungsstellen nicht die Absicht haben, die Verschmutzung zu stoppen. Eine weitere Schwierigkeit ist, daß alle Aspekte des Problems der Nahrungsvergiftung zusammengetragen und gleichzeitig gelöst werden müßten. Ein Problem kann nicht von Leuten gelöst werden, die jeweils nur mit einem Teilbereich befaßt sind.

Solange sich nicht das Bewußtsein von jedermann grundlegend verändert hat, wird es mit der Verschmutzung nicht aufhören.

Der Bauer glaubt zum Beispiel, daß ihn das Binnenmeer (das Gewässer zwischen den Inseln Honshu, Kyushu und Shikoku) nicht betrifft. Er denkt, es sei Sache der Beamten der Fischereibehörde, sich um den Fisch zu kümmern und die Sache des Umweltrates, sich um die Verschmutzung der Meere zu kümmern. In dieser Art zu denken liegt das Problem.

Die üblicherweise benutzten Dünger Ammonium-Sulfat, Kalkstickstoff, Super-Phosphate und dergleichen werden in großen Mengen eingesetzt, von denen die Pflanzen auf dem Feld aber nur Bruchteile aufnehmen. Der Rest gelangt in Flüsse und Bäche und fließt schließlich in das Binnenmeer. Diese Stickstoffverbindungen sind Nahrung für Algen und Plankton, die sich in großen Mengen vermehren und die „rote Flut" verursachen. Natürlich tragen auch industrielle Einleitungen von Quecksilber und anderen giftigen Abfällen zur Verschmutzung bei, aber die Wasserverschmutzung in Japan rührt zum großen Teil von landwirtschaftlichen Chemikalien her.

Deshalb ist es der Bauer, der die größte Verantwortung für die rote Flut tragen muß. Der Bauer, der Chemikalien auf seinem Feld einsetzt, die Gesellschaften, die diese Chemikalien produzieren, die Gemeindebeamten, die an den Nutzen von Chemikalien glauben

73

und demgemäß technische Hilfe anbieten - wenn nicht jeder dieser Leute gründlich über das Problem nachdenkt, wird es in der Frage der Wasserverseuchung keine Lösung geben.

So wie es im Moment ist, werden nur die direkt von Umweltverschmutzung Betroffenen aktiv, wie im Fall der ortsansässigen Fischer gegen die großen Ölgesellschaften nach der Ölpest bei Mizushima. Ein Professor hat vor, mit dem Problem fertig zu werden, indem ein Kanal durch das Herz der Insel Shikoku getrieben wird, damit das relativ reine Wasser des Pazifischen Ozeans in das Binnenmeer fließen kann. Solche Dinge werden immer wieder erforscht und ausprobiert, aber eine echte Lösung kann so nicht aussehen.

Es ist eine feststehende Tatsache, daß die Situation sich weiter verschlimmert, was immer wir auch tun. Je ausgefeilter die Gegenmaßnahmen sind, desto komplizierter werden die Probleme.

Angenommen, durch Shikoku würde eine Pipeline gelegt, und vom Pazifik würde Wasser gepumpt und ins Binnenmeer geleitet. Laßt uns weiter annehmen, daß das möglicherweise das Binnenmeer reinigt. Aber woher kommt die elektrische Energie, um die Fabrik zu versorgen, die die Stahlrohre produziert? Und was ist mit Energie, die gebraucht wird, um das Wasser weiterzupumpen? Es würde ein Atomkraftwerk nötig werden. Um solch ein System zu konstruieren, müßten Beton und alle möglichen Materialien montiert werden. Und es müßte auch ein Uranverarbeitungsanlage gebaut werden. Wenn Lösungen so zustande kommen, säen sie nur die Samen für die Verschmutzungsprobleme der Zweit- und Drittgeneration, die schwieriger als die jetzigen sein werden und viel weiter verbreitet.

Es ist wie im Fall des gierigen Bauern, der den Bewässerungseinlaß zu weit öffnet und das Wasser in sein Reisfeld hineinstürzen läßt. Ein Riß entsteht, und der Wall bricht weg. Jetzt wird Verstärkungsarbeit notwendig. Die Wälle werden verstärkt und der Bewässerungskanal erweitert. Das gesteigerte Wasservolumen erhöht nur die potentielle Gefahr, und wenn der Wall wieder nachgibt, ist zum Wiederaufbau noch größere Mühe nötig.

Wird eine Entscheidung gefällt, um mit den Symptomen eines Problems fertig zu werden, nimmt man generell an, daß die korrigierenden Maßnahmen das Problem selbst lösen werden. Sie tun es selten. Ingenieure können das anscheinend nicht in ihre Köpfe bekommen. Diese Gegenmaßnahmen basieren alle auf einer zu engen Definition von dem, was falsch ist. Maßnahmen und Gegenmaßnahmen, die der Mensch ergreift, entspringen begrenzter wissenschaftlicher Wahrheit und begrenztem wissenschaftlichen

Urteil. Eine echte Lösung kann so niemals entstehen. (Damit bezieht sich Fukuoka auf die Welt, wie sie vom menschlichen Intellekt wahrgenommen und konstruiert wird. Er betrachtet diese Wahrnehmung als Beschränkung auf einen Rahmen, der von seinen eigenen Vorstellungen definiert wird.) Meine bescheidenen Lösungen wie Stroh ausbreiten und Klee anbauen erzeugen keine Verschmutzungen. Sie sind wirkungsvoll, weil sie die Quelle des Problems beseitigen. Solange nicht das Vertrauen in große technologische Lösungen vergangen ist, wird die Verschmutzung noch schlimmer werden.

Eine schwere Geburt

Verbraucher denken im allgemeinen, sie hätten mit landwirtschaftlicher Umweltverschmutzung nichts zu tun. Viele von ihnen fragen nach Nahrungsmitteln, die nicht chemisch behandelt sind. Aber chemisch behandelte Nahrung wird hauptsächlich als Antwort auf die Vorlieben der Verbraucher vermarktet. Der Verbraucher fordert große, glänzende, makellose Produkte von regelmäßiger Form. Um diese Wünsche zu befriedigen, sind landwirtschaftliche Chemikalien, die vor fünf oder sechs Jahren noch nicht verwendet wurden, rasch in Gebrauch gekommen.

Wie kamen wir in eine solch schlimme Lage? Die Leute sagen, es mache ihnen nichts aus, ob Gurken gerade oder gebogen sind, und daß Früchte nicht unbedingt schön sein müssen. Man sollte einmal einen Blick in die Supermärkte in Tokio werfen, wenn man sehen will, wie der Preis mit den Verbraucherwünschen zusammenhängt. Sehen die Früchte nur ein wenig besser aus, erzielt man gleich einen höheren Preis. Sind sie eingeteilt in „klein", „mittel" oder „groß" kann es ein, daß der Preis der mittleren oder großen Früchte pro Pfund doppelt oder dreimal so hoch ist.

Die Bereitschaft der Verbraucher, hohe Preise für Früchte zu bezahlen, die außerhalb der Saison produziert werden, hat auch zum gestiegenen Gebrauch künstlicher Anbaumethoden und Chemikalien beigetragen. Letztes Jahr erzielten Unshu-Mandarin-Orangen aus Gewächshäusern im Sommer (diese Frucht reift in der Natur im späten Herbst) Preise, die zehn- bis zwanzigmal höher waren als die

75

der Saison-Mandarinen. Deshalb kann man, wenn man Geld für die dafür nötige Ausrüstung investiert, den nötigen Brennstoff kauft und Überstunden macht, einen Gewinn erzielen.

Anbau außerhalb der Saison wird immer populärer. Um nur einen Monat früher Mandarin-Orangen zu haben, scheinen die Leute in der Stadt gerne für Extrainvestitionen von Arbeit und Ausrüstung zu bezahlen. Aber wenn man sich fragt, ob es für den Menschen wichtig ist, diese Frucht einen Monat eher zur Verfügung zu haben, so gelangt man zu der Erkenntnis, daß es überhaupt nicht wichtig ist - und dabei ist Geld ja nicht das einzige, was für diesen Luxus bezahlt wird.

Mittlerweile wird auch ein Farbstoff verwendet, der vor einigen Jahren noch nicht benutzt wurde. Mit dieser Chemikalie sieht die Frucht eine Woche früher reif aus. Je nachdem, ob die Frucht eine Woche vor oder nach dem 10. Oktober verkauft wird, verdoppelt sich der Preis entweder, oder er fällt um die Hälfte. Deshalb verwendet der Bauer Chemikalien, die die Färbung beschleunigen, und bringt die Früchte nach der Ernte in eine Reifungskammer zur Begasung.

Wenn die Früchte aber früh ausgeliefert werden, sind sie nicht süß genug, deshalb werden künstliche Süßmittel benutzt. Man glaubt gemeinhin, chemische Süßstoffe seien verboten, aber die, mit denen Zitrusbäume gespritzt werden, sind nicht speziell verboten worden. Die Frage ist, ob sie unter die Kategorie „landwirtschaftliche Chemikalien" fallen oder nicht. Auf jedem Fall benutzt sie fast jeder.

Die Früchte werden dann ins Sortierzentrum der Genossenschaft gebracht. Damit die Früchte nach Größen sortiert werden können, rollt jede einzelne Frucht mehrere hundert Meter ein Förderband entlang. Daß sie sich gegenseitig anstoßen, ist normal. Je größer das Sortierzentrum, desto länger werden die Früchte gestoßen und herumgeworfen. Nach einer Wasserwäsche werden die Mandarin-Orangen mit Konservierungsmitteln gespritzt, und es wird ein Farbstoff aufgetragen. Zum Schluß wird noch eine Paraffinwachslösung aufgetragen, und die Früchte werden glänzend poliert. Heutzutage müssen Früchte wirklich eine harte Schule durchlaufen.

Vom Zeitpunkt kurz vor der Ernte bis zur Auslieferung und dem Landen auf der Ladentheke werden fünf bis sechs Chemikalien benutzt. Die chemischen Dünge- und Spritzmittel, die schon vorher eingesetzt wurden, nicht mitgerechnet. Und das alles nur, weil der Verbraucher attraktivere Früchte kaufen will. Diese kleine Vorliebe hat den Bauern in eine wirklich schlimme Lage gebracht.

Dies wird nicht getan, weil der Bauer viel arbeiten möchte, oder weil die Beamten des Landwirtschaftsministerium den Bauern gerne zu all dieser Extraarbeit antreiben. Die Situation wird sich nicht bessern, bis nicht ein allgemeiner Wertewandel eingetreten ist.

Als ich vor 40 Jahren bei der Zollbehörde arbeitete, wurden Sunkist-Zitronen und Orangen so behandelt. Ich war sehr dagegen, dieses System in Japan einzuführen, aber ich konnte es nicht verhindern.

Wenn ein Bauer oder die Genossenschaft eine neue Prozedur wie das Wachsen der Mandarin-Orangen einführt, ist der Profit wegen der zusätzlichen Arbeit und des Aufwandes größer. Die anderen Genossenschaften bekommen dies mit, und bald führen auch sie das neue Verfahren ein. Nicht gewachste Früchte bringen nicht mehr so hohe Preise. In zwei oder drei Jahren wird sich das Wachsen überall im Lande durchgesetzt haben. Dann drückt der Wettbewerb die Preise und alles, was dem Bauern bleibt, sind die Last harter Arbeit und die zusätzlichen Kosten für Lieferung und Ausrüstung. Nur, jetzt *muß* er seine Früchte wachsen.

Natürlich badet dies alles der Verbraucher aus. Nahrung, die nicht frisch ist, kann verkauft werden, weil sie frisch aussieht. Biologisch ausgedrückt halten Früchte in leicht verschrumpeltem Zustand ihre „Atmung" und ihren Energieverbrauch auf dem niedrigstmöglichen Niveau. Es ist wie bei einem meditierenden Menschen: Stoffwechsel, Atmung und Kalorienverbrauch erreichen ein extrem niedriges Niveau. Selbst wenn er fastet, wird die Energie im Körper bewahrt. Das gleiche gilt auch für Früchte und Gemüse. Wenn Mandarin-Orangen faltig werden, wenn Früchte schrumpeln, wenn Gemüse welkt, ist dies ein Zustand, der ihren Nährwert für die längstmögliche Zeit konserviert. Es ist ein Fehler, zu versuchen, den bloßen Anschein von Frische zu erhalten, wie es z.B. Ladenbesitzer tun, die immer wieder Wasser über ihr Gemüse spritzen. Obwohl das Gemüse frisch aussieht, verschlechtern sich Geschmack und Nährwert schnell.

Auf jeden Fall sind die landwirtschaftlichen Genossenschaften und kollektiven Sortierzentren zusammengeschlossen und ausgeweitet worden, um solch unnötige Aktivitäten durchzuführen. Das wird dann „Modernisierung" genannt. Das Produkt wird verpackt, für die große Auslieferung verladen und zum Verbraucher gebracht.

Um es in einem Satz zu sagen: Solange es keine Umkehr des Gefühls für Werte gibt, und Größe und Aussehen wichtiger sind als Qualität, wird es für das Problem der Nahrungsvergiftung keine Lösung geben.

Die Vermarktung von Naturkost

Seit etlichen Jahren liefere ich etwa 2500 Kilo Reis an Naturkostläden in verschiedenen Teilen des Landes. Ich liefere auch rund 400 15-Kilo-Kartons mit Mandarin-Orangen in 10-Tonnen-Lastern an eine Genossenschaft in den Suginami-Distrikt von Tokyo. Der Vorsitzende wollte unvergiftete Produkte verkaufen, das war die Basis unserer Übereinkunft.

Das erste Jahr war ziemlich erfolgreich, es gab aber auch einige Klagen. Die Größe der Früchte variierte sehr, äußerlich waren sie etwas schmutzig, die Haut war manchmal schrumpelig und so weiter. Ich hatte die Früchte in unbeschrifteten einfachen Kartons geliefert, und es gab einige Leute, die ohne Grund annahmen, daß die Früchte nur „zweite Wahl" seien. Nun verpacke ich die Früchte in Kartons mit der Aufschrift „natürliche Mandarinen".

Da Naturkost mit den geringsten Kosten und Mühen produziert werden kann, denke ich, daß sie auch zu niedrigsten Preisen verkauft werden sollte. Letztes Jahr waren meine Früchte in der Umgebung von Tokio die billigsten überhaupt. Und nach Meinung vieler Ladenbesitzer schmeckten sie auch am besten. Es wäre natürlich optimal, wenn die Früchte am Ort verkauft werden könnten, wodurch Zeit und Kosten für die Auslieferung wegfielen, aber trotzdem, der Preis stimmte, die Früchte waren frei von Chemikalien, und sie schmeckten gut. Dieses Jahr bin ich gebeten worden, zwei- oder dreimal so viel zu liefern wie zuvor.

An diesem Punkt kommt die Frage auf, inwieweit sich der Direktverkauf von Naturkost durchsetzen kann. Ich habe in dieser Hinsicht Hoffnung. In der letzten Zeit wurden die Chemiebauern wirtschaftlich in die Enge getrieben, und das macht die Produktion natürlicher Nahrungsmittel für sie attraktiver. Ganz gleich wie schwer der Durchschnittsbauer arbeitet, um die Früchte mit Chemikalien, Farbstoffen und Wachsmitteln zu behandeln, er kann seine Früchte nur zu einem Preis verkaufen, der kaum seine Kosten deckt. Die Preise sind in den letzten Jahren gefallen, deshalb sind die Landwirtschaftsgenossenschaften und Sortierzentren mittlerweile sehr streng und wählen nur Früchte der allerbesten Qualität aus. Schlechtere Qualität kann nicht an die Sortierzentren verkauft werden. Nachdem der Bauer schon einen ganzen Arbeitstag darauf verwendet hat, die Früchte zu ernten, sie in Kisten zu packen und zum Sortierzentrum zu fahren, muß er noch bis 11 oder 12 Uhr nachts weiterarbeiten, um seine Früchte Stück für Stück auszusortieren und nur die von perfekter Größe und Form auszuwählen. (Das zurückgewiesene Obst wird für etwa den halben Preis an eine private Firma verkauft, die es zu Saft preßt.) Die „Guten" betragen manchmal nur 25 bis 50 Prozent der Gesamternte, und sogar von diesen werden noch einige Früchte von der Genossenschaft zurückgewiesen. Ein Zitrusbauer arbeitet heutzutage schwer, und doch steht er am Rande des Ruins. Obstanbau ohne Chemikalien, Kunstdünger und Bodenbearbeitung bedeutet weniger Kosten, daher ist der Nettogewinn des Bauern höher. Das Obst, das ich ausliefere, ist praktisch unsortiert. Ich packe die Früchte einfach in Kisten, schicke sie zum Markt und gehe früh ins Bett.

Die anderen Bauern in meiner Nachbarschaft haben erkannt, daß sie sehr schwer arbeiten, nur um am Ende doch mit leeren Taschen dazustehen. Die Einsicht wächst, daß am Anbau von Naturkostprodukten nichts Merkwürdiges ist, und die Produzenten sind zu einer Umstellung auf den Anbau ohne Chemikalien bereit. Aber bis Naturkost am Ort verkauft werden kann, macht sich der Durchschnittsbauer darüber Sorgen, daß es keinen Markt gibt, auf dem er seine Produkte verkaufen kann.

Was den Verbraucher betrifft, so ist die gängige Meinung, Naturkost müsse teuer sein. Wenn sie nicht teuer ist, glauben die Leute, es sei keine Naturkost. Ein Händler sagte mir, niemand würde natürliche Produkte kaufen, wenn sie nicht einen hohen Preis hätten.

Ich meine immer noch, daß Naturkost billiger als alles andere verkauft werden sollte. Vor einigen Jahren wurde ich gebeten, den Honig aus meinem Obstgarten und die Eier von den Hennen am Berg an einen Naturkostladen in Tokio zu liefern. Als ich herausfand, daß der Händler die Produkte zu überhöhten Preisen verkaufte, war ich wütend. Ich wußte, daß ein Händler, der aus seinen Kunden einen solchen Nutzen zieht, auch meinen Reis mit anderem Reis mischen würde, und daß der Kunde auch für diesen Reis einen unfairen Preis bezahlen müßte. Ich stoppte sofort alle Lieferungen an diesen Laden.

Wenn für Naturkost ein hoher Preis genommen wird, bedeutet das, daß der Händler übermäßige Gewinne erzielt. Außerdem, wenn Naturkost teuer ist, wird sie zur Luxusnahrung, die sich nur wenige Leute leisten können. Wenn Naturkost populär werden soll, muß sie zu einem angemessenen Preis erhältlich sein. Wenn sich die Verbraucher nur an die Vorstellung gewöhnen könnten, daß niedrige

Preise nicht bedeuten müssen, daß die Nahrung nicht natürlich ist, wäre das ein Schritt in die richtige Richtung.

Die moderne Landwirtschaft wird scheitern

Als der Plan für gewerbsmäßige Landwirtschaft aufkam, widersetzte ich mich ihm. Gewerbliche Landwirtschaft ist für den Bauern in Japan nicht gewinnbringend. Unter Kaufleuten ist die Regel, daß beim Verkauf eines Artikels, der ursprünglich einen bestimmten Betrag gekostet hat und dann weiterverarbeitet wird, ein Betrag aufgeschlagen wird. In der japanischen Landwirtschaft geht es aber nicht so einfach zu. Dünger, Futter, Ausstattung und Chemikalien werden zu im Ausland festgesetzten Preisen gekauft, und es gibt keinen Anhaltspunkt dafür, wie hoch die wirklichen Kosten sein werden, wenn die importierten Produkte verwendet werden. Das bleibt allein den Händlern überlassen. Und weil die Verkaufspreise ebenfalls festgesetzt sind, wird das Einkommen des Bauern von außen bestimmt, es ist jenseits seiner Kontrolle.

In der Regel ist gewerbliche Landwirtschaft ein unsicheres Geschäft. Dem Bauern würde es viel besser gehen, wenn er die Nahrung, die er für sich braucht, anbaut, ohne über Geldverdienen nachzudenken. Wenn man ein Reiskorn pflanzt, werden daraus mehr als tausend Körner. Eine Reihe Rüben ergibt genug Pickles für den ganzen Winter. Folgt man diesem Weg, hat man genug zu essen, ja mehr als genug, ohne sich anzustrengen. Entscheidet man sich aber dafür, Geld zu verdienen, dann besteigt man den Profit-Zug, und er fährt mit einem fort.

Ich habe kürzlich über die Hühnerrasse weißes Leghorn nachgedacht. Weil die verbesserte Züchtung des weißen Leghorns an über 200 Tagen im Jahr Eier legt, wird es als gewinnbringend angesehen, sie zu halten. Bei kommerzieller Aufzucht werden diese Hühner in lange Reihen kleiner Käfige gesperrt, Zuchthauszellen nicht unähnlich, und ihr ganzes Leben lang dürfen ihre Füße nicht den Boden berühren. Krankheiten sind an der Tagesordnung, die Vögel werden

80

mit Antibiotika vollgepumpt und mit Vitaminen und Hormonen gefüttert.

Man sagt, daß die örtlichen Hühnersorten, die seit altersher gehalten werden - die braunen und schwarzen *shamo* und *chabo* - nur die halbe Legekapazität haben. Folglich sind all diese Vögel aus Japan verschwunden. Ich ließ zwei Hennen und einen Hahn am Berghang frei herumlaufen, und nach einem Jahr waren es 24. Wenn es auch so aussah, als würden sie wenig Eier legen, im Kükenaufziehen waren sie fleißig.

Im ersten Jahr hat das Leghorn eine höhere Legeleistung als die heimischen Hühner, aber nach einem Jahr ist das weiße Leghorn erschöpft und wird ausgesondert, während aus dem Shamo-Huhn, mit dem wir angefangen haben, zehn gesunde Vögel geworden sind, die unter den Obstbäumen herumlaufen. Außerdem legen die weißen Leghorns gut, weil sie mit künstlich angereichertem Futter ernährt werden, das aus fremden Ländern importiert wird und beim Händler gekauft werden muß. Die Vögel hier kratzen herum, ernähren sich von Samen und Insekten aus der Umgebung und legen köstliche, natürliche Eier.

Wer meint, gewerblich angebautes Gemüse entstamme der Natur, der irrt. Solches Gemüse besteht aus einem wässrigen chemischen Gemisch aus Stickstoff, Phosphor und Pottasche, etwas unterstützt durch den Samen. Und genauso schmeckt es auch. Und gewerblich erzeugte Hühnereier (man mag sie Eier nennen, wenn man will) sind nichts als eine Mischung aus synthetischem Futter, Chemikalien und Hormonen. Das ist kein Produkt der Natur, sondern ein von Menschen gemachtes Kunstprodukt in Form eines Eies. Einen Bauern, der Gemüse und Eier dieser Art produziert, nenne ich Fabrikanten.

Wenn wir davon also als Fabrikation reden, muß man einige clevere Berechnungen anstellen, will man Gewinn machen. Da der gewerbliche Bauer kein Geld verdient, ist er wie ein Händler, der nicht mit der Rechenmaschine umgehen kann. Diese Leute werden von anderen als Narren angesehen, und ihre Gewinne werden von Politikern und Kaufleuten eingeheimst.

In alten Zeiten gab es Krieger, Bauern, Handwerker und Händler. Landwirtschaft galt als dem Ursprung der Dinge näher stehend als Handel oder Handwerk, und der Bauer galt als „der Mundschenk der Götter". Er war immer in der Lage, irgendwie zurecht zu kommen und genug zu essen zu haben.

Aber heutzutage gibt es all die Aufregung um das Geld. Ultramoderne Produkte wie Trauben, Tomaten und Melonen werden angebaut. Blumen und Früchte werden außerhalb der Saison in Gewächshäusern gezogen. Fische und Vieh werden gezüchtet, weil die Gewinne hoch sind.

Dies zeigt ganz deutlich, was passiert, wenn Landwirtschaft die ökonomische Berg- und Talbahn besteigt. Die Preisschwankungen sind gewaltig. Es gibt Gewinne, aber es gibt auch Verluste. Fehlschläge sind unvermeidlich. Die japanische Landwirtschaft hat ihre Richtung aus den Augen verloren und ist instabil geworden. Sie ist von den Grundprinzipien der Landwirtschaft abgewichen und zum Geschäft geworden.

Forschung zu wessen Nutzen?

Als ich mit Direkteinsaat von Reis und Wintergetreide begann, wollte ich mit einer Handsichel ernten, deshalb dachte ich, es sei bequemer, die Samen in regelmäßigen Reihen auszubringen. Nach vielen stümperhaften Versuchen fertigte ich von Hand ein Werkzeug zum Säen an. Ich dachte, dieses Werkzeug könnte auch für die anderen Bauern von praktischem Nutzen sein und brachte es zu dem Mann in der Versuchsstation. Er sagte mir, da wir uns im Zeitalter großer Maschinerien befänden, könnte er sich um meinen „Apparat" keine Gedanken machen.

Als nächstes ging ich zu einem Hersteller von landwirtschaftlichem Gerät. Dort wurde mir gesagt, daß solch eine simple Maschine nicht für mehr als 10 DM das Stück verkauft werden könne. „Würden wir ein Ding wie dieses herstellen, könnten die Bauern anfangen zu denken, sie brauchten die Traktoren nicht, die wir für viel Geld verkaufen." Er sagte, das Ziel heutzutage sei, schnell Reis-Pflanzmaschinen zu entwickeln, sie Hals-über-Kopf so lange wie möglich zu verkaufen und dann etwas Neueres einzuführen. Anstelle kleiner Traktoren wollten sie zu größeren Modellen übergehen, mein Vorschlag stellte für sie einen Rückschritt dar. Um die Bedürfnisse der Zeit zu befriedigen, werden Ressourcen in die Förderung nutzloser Forschung gepumpt, und bis zum heutigen Tag liegt mein Patent in der Schublade.

Mit Dünger und Chemikalien ist es das gleiche. Anstatt Dünger für den Bauern zu entwickeln, liegt die Betonung auf der Produktion von etwas Neuem, von irgendetwas, womit man Geld machen kann. Wenn die Techniker ihre Jobs in den Versuchsstationen aufgeben, gehen sie direkt zu den großen Chemiekonzernen.

Kürzlich sprach ich mit Herrn Asada, einem technischen Beamten im Ministerium für Landwirtschaft und Forsten, und er erzählte mir eine interessante Geschichte. Das in Gewächshäusern angebaute Gemüse ist extrem geschmacklos. Als er hörte, daß die Auberginen, die im Winter ausgeliefert werden, keine Vitamine und die Gurken keinen Geschmack haben, ging er der Sache nach und fand den Grund dafür heraus: Bestimmte Sonnenstrahlen konnten die Kunststoff- und Glasüberdachungen, unter denen das Gemüse angebaut wurde, nicht durchdringen. Seine Entdeckung führte zu Beleuchtungssystemen in den Gewächshäusern.

Die grundlegende Frage ist hier, ob es für Menschen notwendig ist, im Winter Auberginen und Gurken zu essen oder nicht. Klammert man diesen Punkt einmal aus, dann ist der einzige Grund, warum diese Früchte im Winter angebaut werden, der, daß sie dann zu einem guten Preis verkauft werden können. Jemand entwickelt eine Anbaumöglichkeit für sie, und nach einiger Zeit stellt man fest, daß dieses Gemüse keinen Nährwert besitzt. Als nächstes meinen die Techniker, wenn bei dieser Art des Anbaus die Nährstoffe verloren gehen, müsse ein Weg gefunden werden, um diesen Verlust zu mindern. Weil der Techniker die Beleuchtung für die Störung hält, beginnt er Lichtstrahlen zu erforschen. Er denkt, alles ist in Ordnung, wenn eine Gewächshausaubergine mit Vitaminen produziert werden kann. Ich habe von Leuten gehört, die ihr ganzes Leben dieser Art von Forschung widmen. Da solch große Mühen und Geldmittel in die Produktion dieser Auberginen geflossen sind und behauptet wird, das Gemüse besitze einen hohen Nährwert, wird es natürlich auch zu einem höheren Preis angeboten und gut verkauft. „Wenn es gewinnbringend ist und man es gut verkaufen kann, dann kann damit nichts falsch sein." Egal, wie sehr die Leute sich bemühen, sie können auf natürliche Weise angebautes Obst und Gemüse nicht übertreffen. Auf unnatürliche Art angebaute Produkte befriedigen die flüchtigen Wünsche der Leute, schwächen aber den menschlichen Körper und verändern die Körperchemie, so daß er von solchen Nahrungsmitteln abhängig wird. Wenn dies geschieht, werden Vitaminpräparate und Medikamente notwendig. Diese Situation erzeugt Mühsal für den Bauern und Leid für den Verbraucher.

Was ist menschengemäße Nahrung?

Neulich kam jemand vom Fernsehen und bat mich, etwas über den Geschmack natürlicher Lebensmittel zu sagen. Wir unterhielten uns, und dann bat ich ihn, die Eier der Genossenschaftshennen mit denen der Hühner zu vergleichen, die frei im Obstgarten herumlaufen. Er stellte fest, das das Eigelb der typischen Hühnerfarmeier weich, wässrig und blaßgelb ist, das Eigelb der Eier von den Hühnern, die wild auf dem Berg leben, dagegen fest, elastisch und von klarem Orange. Als der alte Mann, der das *sushi*-Restaurant in der Stadt führt, eines dieser natürlichen Eier kostete, sagte er, das sei ein „richtiges Ei", genauso wie in alten Zeiten, und er freute sich so darüber, als ob es ein kostbarer Schatz wäre.

Zurück zum Mandarinen-Obstgarten. Dort wachsen viele verschiedene Gemüsesorten zwischen den Unkräutern und dem Klee. Rüben, Butzenklette, Gurken und Squash, Erdnüsse, Karotten, eßbare Chrysanthemen, Kartoffeln, Zwiebeln, Blattsenf, Kohl, verschiedene Sorten Bohnen und viele andere Kräuter und Gemüse wachsen dort zusammen. Die Unterhaltung kam zu der Frage, ob dieses Gemüse, das in halbwilder Weise angebaut wird, einen besseren Geschmack hätte als im Hausgarten oder mit Hilfe chemischer Düngemittel auf den Feldern angebautes Gemüse. Als wir einen Vergleich anstellten, fanden wir die Gemüse im Geschmack völlig unterschiedlich, das „wilde" Gemüse hatte einen volleren Geschmack.

Ich sagte zu dem Reporter, daß Stickstoff und Kali zugesetzt werden, wenn Gemüse auf einem vorbereiteten Feld mit Hilfe chemischer Dünger angebaut wird. Wenn aber Gemüse mit natürlicher Bodenbedeckung und in einer Erde, die natürlicherweise reich an organischer Materie ist, angebaut wird, ist die Nährstoffzufuhr ausgeglichener. Eine Vielzahl von Unkräutern und Gräsern bedeutet, daß dem Gemüse eine Vielzahl wesentlicher Nährstoffe und Mikronährstoffe verfügbar ist. Pflanzen, die in einer solch ausgewogenen Erde wachsen, haben einen besseren Geschmack.

Eßbare Kräuter und wildes Gemüse, Pflanzen, die am Berg und auf den Wiesen wachsen, besitzen einen sehr hohen Nährwert und sind auch als Medizin wertvoll. Nahrung und Medizin sind keine unterschiedlichen Dinge, sie sind die Vorder- und die Rückseite einer Medaille. Chemisch angebautes Gemüse kann als Nahrung gegessen werden, nicht aber als Medizin dienen. Wenn man die sieben Frühlingskräuter (Brunnenkresse, Hirtentäschel, wilde Rübe, Cottongras, Hühnergras, wilder Rettich und Bienennessel) sammelt und ißt, wird der Geist freundlich. Und wenn man Brombeerschößlinge, und Hirtentäschel ißt, wird man ruhig. Um ruhelose, unruhige Gefühle zu vertreiben, ist Hirtentäschel das Beste von allem. Man sagt, wenn Kinder Hirtentäschel essen oder Weidenkätzchen oder in Bäumen lebende Insekten, heilt das schwere Weinanfälle, in alten Zeiten gab man dies Kindern oft zu essen. Daikon (Japanischer Rettich) hat die Pflanze *nazuna* (Hirtentäschel) als Vorfahr, und dieses Wort *nazuna* ist verwandt mit dem Wort *nagomu*, was „gemildert werden" bedeutet. Daikon ist das „Kraut, das mildert."

Auf der Suche nach wilden Nahrungsmitteln werden die Insekten oft übersehen. Während des Krieges, als ich im Forschungszentrum arbeitete, sollte ich untersuchen, welche Insekten im südostasiatischen Raum eßbar sind. Als ich mich daran machte, war ich überrascht, denn ich fand heraus, daß fast jedes Insekt eßbar ist.

Zum Beispiel glaubt niemand, daß Läuse oder Flöhe nützlich sein könnten, aber Läuse, gemahlen und mit Wintergetreide gegessen, sind ein Heilmittel bei Epilepsie, und Flöhe sind ein Medikament gegen Erfrierungen. Alle Insektenlarven sind einigermaßen eßbar, sie müssen aber lebendig sein. Als ich über den alten Texten saß, fand ich Geschichten über „Delikatessen" aus Maden vom Plumpsklo, und der Geschmack der gewöhnlichen Seidenraupe galt als unvergleichlich. Sogar Motten sind lecker, wenn man vorher den Staub von ihren Flügeln abschüttelt.

Sowohl vom Standpunkt des Geschmacks als auch von der Gesundheit her gesehen sind daher viele Dinge, die die Leute als abstoßend empfinden, in Wirklichkeit recht wohlschmeckend und gut für den menschlichen Körper.

Gemüse, das seinen wilden Vorfahren biologisch am nächsten steht, ist vom Geschmack her das beste und vom Nährwert her das wertvollste. In der Lilien-Familie zum Beispiel (die *nira*, Knoblauch, China-Lauch, grüne Zwiebel, Perlzwiebel und Knollenzwiebel umfaßt) haben *nira* und China-Lauch den höchsten Nährwert, sind gut als Kräutermedizin und auch als allgemeines Stärkungsmittel von Nutzen. Den meisten Leuten erscheinen jedoch die „gezähmten" Sorten wie grüne Zwiebel und Knollenzwiebel als die besten. Aus irgendeinem Grund mögen moderne Menschen den Geschmack von Gemüse, das von seinen wilden Vorfahren stark abweicht. Eine ähnliche Geschmacksvorliebe ist auch bei tierischen

Nahrungsmitteln zu finden. Wilde Vögel sind eine viel bessere Nahrung als Hausgeflügel wie Hühner und Enten, und doch findet man die Vögel, in einer Umwelt fern ihrer natürlichen Herkunft aufgezogen, schmackhaft, und sie werden zu hohen Preisen verkauft. Ziegenmilch hat einen höheren Nährwert als Kuhmilch, aber es ist die Kuhmilch, nach der größere Nachfrage besteht. Nahrungsmittel, die weit von ihrem wilden Zustand abweichen und diejenigen, die chemisch oder in einer völlig künstlichen Umgebung angebaut sind, bringen die Körperchemie aus dem Gleichgewicht. Je mehr der Körper aus dem Gleichgewicht ist, desto höher wird das Verlangen nach unnatürlicher Nahrung. Diese Situation ist für die Gesundheit gefährlich.

Es ist trügerisch zu sagen, daß es bloß eine Sache des Geschmacks sei, was man ißt, denn eine unnatürliche oder exotische Ernährung schafft Mühsal für Bauern und Fischer. Mir scheint, je mehr Wünsche wir haben, desto mehr müssen wir arbeiten, um sie zu befriedigen. Einige Fischarten, wie der beliebte Thunfisch oder der Gelbschwanz, müssen in entfernten Gewässern gefangen werden, aber Sardine, Seebrasse, Flunder und andere kleine Fische können im Überfluß im Binnenmeer gefangen werden. Was den Nährwert angeht sind Tiere, die im Süßwasser leben, wie Karpfen, Teichschnekken, Flußkrebse, Sumpfkrabben und so weiter, besser für den Körper als Salzwasserfische. Danach kommen Brackwasserfische und schließlich Fische aus tiefem Salzwasser und aus fernen Meeren. Die Nahrungsmittel aus der Umgebung sind die besten für den Menschen, und die Dinge, bei denen er sich anstrengen muß um sie zu bekommen, erweisen sich als die am wenigsten zuträglichen.

Wenn man mit dem zufrieden ist, was in der Nähe verfügbar ist, geht alles gut. Wenn die Bauern, die in diesem Dorf leben, nur die Nahrung essen, die hier angebaut oder gesammelt werden kann, machen sie keinen Fehler. Schließlich wird man es am einfachsten finden - wie die Gruppe junger Leute in den Hütten oben im Obstgarten - braunen Reis und unpolierte Gerste, Hirse und Buchweizen zu essen, kombiniert mit Gemüse der Jahreszeit und halbwilden Gemüsen. Das ist die beste Nahrung. Sie hat Geschmack und ist gut für den Körper.

Wenn 600 Kilo Reis und 600 Kilo Wintergetreide von einem 1000 qm-Feld geerntet werden, dann ernährt das Feld fünf bis zehn Leute, von denen jeder im Durchschnitt weniger als eine Stunde Arbeit am Tag investiert. Falls aber das Feld zu Weideland gemacht oder das Getreide an Vieh verfüttert würde, könnte nur noch eine Person von den 1000 Quadratmeter ernährt werden. Fleisch wird zur Luxusware, wenn seine Produktion Land erfordert, das direkte Nahrung für den menschlichen Verbrauch liefern könnte. (Obwohl das meiste Fleisch in Nordamerika durch Verfütterung von Feldfrüchten wie Weizen, Gerste, Mais und Sojabohnen an Tiere produziert wird, gibt es auch große Landflächen, die am besten genutzt sind, wenn sie Weideland oder Wiesen sind. In Japan existiert solches Land fast gar nicht. Fast alles Fleisch muß importiert werden.) Das wurde klar und eindeutig bewiesen. Jeder Mensch sollte ernsthaft darüber nachdenken, wieviel Mühsal er verursacht, wenn er solch teuer produzierte Nahrungsmittel ißt.

Fleisch und andere importierte Nahrungsmittel sind Luxus, weil sie mehr Energie und Rohstoffe benötigen, als die traditionellen Gemüse und Getreide, die an Ort und Stelle produziert werden. Daraus folgt, daß Leute, die sich auf eine einfache lokale Ernährung beschränken, weniger arbeiten müssen und weniger Land verbrauchen, als die anderen mit Appetit auf Delikatessen.

Wenn die Leute weiterhin Fleisch und importierte Nahrungsmittel essen, ist Japan innerhalb der nächsten zehn Jahre eine Nahrungsmittelkrise sicher. Innerhalb von 30 Jahren wird es eine starke Verknappung geben. Von irgendwoher kam die absurde Vorstellung, ein Umstieg vom Reis- zum Brotessen deute auf eine Verbesserung im Alltagsleben der Japaner hin. Dies ist wirklich nicht der Fall. Brauner Reis und Gemüse mögen als derbe Kost erscheinen, aber das ist die beste Ernährung. Sie versetzt Menschen in die Lage, einfach und unmittelbar zu leben. Wenn eine Nahrungskrise auf uns zukommt, wird nicht die Unzulänglichkeit der produktiven Kraft der Natur die Ursache sein, sondern die Extravaganz menschlicher Wünsche.

Ein gnädiger Tod für Gerste

Vor 40 Jahren war - aufgrund wachsender politischer Feindseligkeit zwischen den USA und Japan - kein Weizenimport aus den USA mehr möglich. Im ganzen Land wurde der Anbau von eigenem Weizen gefordert. Die amerikanischen Weizensorten, die verwendet wurden, brauchten eine lange Wachstumsperiode, und das Korn wurde mitten in der Regenzeit reif. Obwohl die Bauern große Mühen auf sich genommen hatten, um das Getreide anzubauen, verrottete es oft noch während der Ernte. Die Sorten erwiesen sich als sehr unzuverlässig und krankheitsanfällig, daher wollten die Bauern keinen Weizen anbauen. In traditioneller Weise gemahlen und geröstet schmeckte er so furchtbar, daß man fast würgen und ihn ausspucken mußte.

Die traditionellen japanischen Roggen- und Gerstensorten können im Mai geerntet werden, vor der Regenzeit. Daher gibt es vergleichsweise sichere Ernten. Den Bauern wurde trotzdem der Weizenanbau aufgenötigt. Jeder lachte und sagte, es gäbe nichts Schlimmeres, als Weizen anzubauen, folgte aber geduldig der Regierungspolitik.

Nach dem Krieg wurde amerikanischer Weizen wieder in großen Mengen importiert, was fallende Preise für den in Japan angebauten Weizen mit sich brachte. Das kam zu den vielen guten Gründen, den Weizenanbau aufzugeben, noch hinzu. „Gebt Weizen auf, gebt Weizen auf!" war der von den führenden Landwirtschaftspolitikern der Regierung landesweit propagierte Wahlspruch, und die Bauern gaben ihn mit Freuden auf. Gleichzeitig ermutigte die Regierung die Bauern, wegen des niedrigen Preises von importiertem Weizen den Anbau der traditionellen Wintergetreide Roggen und Gerste zu stoppen. Diese Politik wurde durchgeführt, und Japans Felder lagen den Winter über brach.

Vor etwa zehn Jahren sollte ich die Präfektur Ehime im Fernsehwettbewerb um den „herausragenden Bauern des Jahres" repräsentieren. Damals wurde ich von einem Mitglied der Jury gefragt: „Herr Fukuoka, warum geben Sie den Roggen- und Gerstenanbau nicht auf?" Ich antwortete: „Roggen und Gerste sind leicht anzubauende Feldfrüchte, und wenn wir sie in Fruchtfolge mit Reis pflanzen, können wir die höchste Kalorienzahl pro Quadratmeter Feld produzieren. Darum gebe ich es nicht auf."

Es war klar, daß niemand, der hartnäckig gegen den Willen des Landwirtschaftsministeriums angeht, „herausragender Bauer" werden konnte, und ich sagte dann: „Wenn es das ist, weswegen man den Preis nicht bekommen kann, geht es mir ohne besser." Eines der Mitglieder der Prüfungskommission sagte später zu mir: „Falls ich die Universität verlasse und selbst mit Ackerbau beginnen würde, ich würde es wahrscheinlich wie Sie machen und Reis im Sommer anbauen und Gerste und Roggen im Winter, und das jedes Jahr, wie vor dem Krieg." Kurz nach dieser Episode trat ich im Fernsehen in einer Podiumsdiskussion mit mehreren Professoren auf, und ich wurde wieder gefragt: „Warum geben Sie den Roggen- und Gerstenanbau nicht auf?" Ich erklärte wieder einmal sehr klar, daß es dafür ein Dutzend guter Gründe gäbe. Zu dieser Zeit hieß der Slogan für die Aufgabe von Wintergetreide „Gnadentod". Das heißt, der aufeinanderfolgende Wintergetreide-Reis-Anbau sollte möglichst ruhig verschwinden. Aber „gnädiger Tod" ist ein zu harmloser Begriff. In Wirklichkeit wollte das Landwirtschaftsministerium den Anbau ausmerzen. Als mir klar wurde, daß das Hauptziel des Programms war, dem Wintergetreideanbau ein schnelles Ende zu bereiten, ihn sozusagen „tot am Straßenrand liegen zu lassen", war ich entrüstet.

Vor 40 Jahren hieß die Devise, Weizen, ausländisches Getreide, anzubauen. Ein nutzloses und unmögliches Korn. Dann hieß es, die japanischen Roggen- und Gerstensorten hätten keinen so hohen Nährwert wie amerikanisches Getreide, und die Bauern gaben mit Bedauern den Anbau dieser traditionellen Getreide auf. Als der Lebensstandard sprunghaft anstieg, war die Parole, Fleisch und Eier zu essen, Milch zu trinken und von Reis auf Brot umzusteigen. Mais, Sojabohnen und Weizen wurden in immer größeren Mengen importiert. Amerikanischer Weizen war billiger, deshalb wurde der Anbau von einheimischem Roggen und einheimischer Gerste aufgegeben. Die japanische Landwirtschaft führte Maßnahmen ein, die die Bauern dazu zwangen, eine Teilzeitarbeit in der Stadt anzunehmen, um die Produkte kaufen zu können, die sie selbst nicht anbauen sollten.

Und nun hat sich durch den Mangel an Nahrungsressourcen wieder alles verändert. Selbstversorgung mit Roggen und Gerste wird wieder propagiert. Es heißt, daß das sogar subventioniert werden soll. Aber es reicht nicht, ein paar Jahre lang Wintergetreide anzubauen und dann wieder aufzugeben. Weil das Landwirtschaftsministerium keine klare Vorstellungen davon hat, was überhaupt angebaut werden sollte und den Zusammenhang zwischen Anbau und der Ernährung des Volkes nicht versteht, bleibt eine konsequente Landwirtschaftspolitik ein Ding der Unmöglichkeit. Wenn die Bürokraten in die Berge und zu den Wassern gingen, die sieben Frühlingskräuter sowie die sieben Herbstkräuter (Chinesische Glockenblume, Pfeilwurzel (*kudzu*), *Eupatorium perfoliatum, valerianacea*, Buschklee, wilde Fransennelke und japanisches Pampasgras) sammeln und kosten würden, dann würden sie erfahren, was die Quelle menschlicher Nahrung ist. Würden sie noch weiter gehen, würden sie entdecken, daß man sehr gut von traditionellen einheimischen Ackerfrüchten wie Reis, Gerste, Roggen, Buchweizen und Gemüse leben kann. Sie wüßten gleich, daß das alles ist, was man in der japanischen Landwirtschaft anzubauen braucht. Und dann würde der Ackerbau sehr leicht.

Bis heute sind moderne Ökonomen der Ansicht, eine kleine Selbstversorger-Landwirtschaft sei falsch, sei eine primitive und möglichst schnell zu eliminierende Form des Ackerbaus. Es wird gesagt, die Felder müßten flächenmäßig größer werden, um den Übergang zu amerikanischer Landwirtschaft großen Stils zu ermöglichen. Diese Denkweise trifft man nicht nur in der Landwirtschaft an - in allen Bereichen gehen die Entwicklungen in diese Richtung.

Das Ziel ist, nur wenige Leute in der Landwirtschaft zu beschäftigen. Die landwirtschaftlichen Autoritäten sagen, daß weniger Leute - die große, moderne Maschinen benutzen - auf gleicher Landfläche höhere Erträge erzielen können. Das wird landwirtschaftlicher Fortschritt genannt. Nach dem Krieg waren 70 bis 80 Prozent der Japaner Bauern. Diese Zahl sank schnell auf 50, 30 und 20 Prozent, heute sind es etwa 14 Prozent. Das Landwirtschaftsministerium will das gleiche Niveau wie in Europa und Amerika zu erreichen, wo weniger als 10 Prozent der Menschen Bauern sind und der Rest nicht dazu ermutigt wird, Bauer zu werden.

Meiner Meinung nach wäre es ideal, wenn alle Menschen Bauern wären. In Japan gibt es für jeden nur 1000 Quadratmeter Ackerland. Würden jedem einzelnen Menschen 1000 Quadratmeter Land gegeben, käme eine fünfköpfige Familie auf einen halben Hektar, mehr als genug, um die Familie das ganze Jahr über zu ernähren. Würde natürlicher Akkerbau praktiziert, hätte ein Bauer auch eine Menge Muße und Zeit für soziale Aktivitäten innerhalb der Dorfgemeinschaft. Ich meine, das ist der beste Weg, um dieses Land zu einem glücklichen, freundlichen Land zu machen.

Nur der Natur dienen, und alles ist gut

Extravagante Wünsche sind die Ursache für die gegenwärtige schlimme Lage der Welt.

Eher schnell als langsam, eher mehr als weniger - diese „Entwicklung" steht mit dem drohenden Kollaps der Gesellschaft in direkter Verbindung. Sie hat zur Trennung des Menschen von der Natur geführt. Die Menschheit muß aufhören, dem Verlangen nach materiellen Besitztümern und persönlichen Vorteilen zu frönen und sich stattdessen auf spirituelle Bewußtheit zubewegen.

Die Landwirtschaft muß von großen automatisierten Betrieben auf kleine Höfe umsteigen, die nur dem Leben selbst dienen. Materielles Leben und Ernährung sollten einen schlichten Platz erhalten. Wenn dies getan wird, wird Arbeit angenehm, und es wird reichlich spiritueller Raum vorhanden sein. Je mehr der Bauer seinen Betrieb vergrößert, desto mehr trennen sich Körper und Geist, und desto mehr entfernt er sich von einem spirituell befriedigenden Leben. Ein Leben mit kleinflächigem Ackerbau mag primitiv erscheinen, aber wenn man solch ein Leben führt, wird es möglich, den Großen Weg (der den Pfad spiritueller Bewußtheit, der Aufmerksamkeit und Sorgfalt für die gewöhnlichen Aktivitäten des täglichen Lebens umfaßt) zu verinnerlichen. Ich glaube, wenn jemand die eigene Nachbarschaft und die alltägliche Welt, in der er lebt, zu ergründen versucht, wird sich ihm die höchste aller Welten offenbaren. Das Ende des Jahres (Januar, Februar, März) verbrachte der 1000-qm-Bauer in früheren Zeiten mit Kaninchenjagd in den Bergen. Wenn er auch ein armer Bauer war, so hatte er doch diese Freiheit. Die Neujahrsferien dauerten etwa drei Monate. Allmählich wurde diese freie Zeit auf zwei Monate, auf einen Monat beschnitten, und heute bedeutet Neujahr drei frei Tage. Das Verschwinden des Neujahrsurlaubs zeigt, wie beschäftigt der Bauer heute ist und wie er sein schlichtes körperliches und geistiges Wohlergehen eingebüßt hat. In der modernen Landwirtschaft hat der Bauer keine Zeit, ein Gedicht zu schreiben oder ein Lied zu komponieren.

Eines Tages, als ich einmal den kleinen Dorfaltar säuberte, bemerkte ich überrascht einige Handschriften an der Wand. Ich wischte den Staub ab, betrachtete die verblaßten Buchstaben und konnte Dutzende von *haiku*-Gedichten entziffern. Sogar in einem kleinen Dorf wie unserem hatten 20 oder 30 Leute *haikus* gedichtet und sie als Geschenke dargeboten. Soviel Freiraum hatten die Menschen in alten Zeiten. Einige der Verse müssen mehrere hundert Jahre alt gewesen sein. Da sie so alt waren, mußten es wohl arme Bauern gewesen sein, sie hatten dennoch genug freie Zeit, um einen haiku zu schreiben.

Heute hat niemand im Dorf genügend Zeit zum Dichten. In den kalten Wintermonaten finden nur ein paar Leute aus dem Dorf die

Zeit, sich für ein oder zwei Tage zur Kaninchenjagd fortzuschleichen. Die Mußestunden schluckt heute das Fernsehen, und man hat keine Zeit für den einfachen Zeitvertreib, der früher das tägliche Leben des Bauern reich gemacht hat. Das meine ich, wenn ich sage, daß die Landwirtschaft spirituell arm und schwach geworden ist. Sie befaßt sich nur mit materieller Entwicklung. Lao Tzu, der taotische Weise, sagt, daß ein heiliges und bescheidenes Leben in einem kleinen Dorf geführt werden kann. Bodhidharma, der Begründer des Zen, verbrachte neun Jahre in einer Höhle, ohne geschäftig zu sein. Die Sorge um Geldverdienen, um Expansion, Entwicklung, Anbau von verkäuflichen Früchten und ihre Auslieferung, das ist nicht der Weg des Bauern. Hier zu sein, für ein kleines Feld zu sorgen, in vollem Besitz der Freiheit und mit der Fülle eines jeden Tages - das muß der ursprüngliche Weg der Landwirtschaft gewesen sein.

Erfahrungen zu halbieren, die eine Seite körperlich und die andere geistig zu nennen, ist einengend und verwirrend. Menschen leben nicht in Abhängigkeit von Nahrung. Wir können nie wissen, was Nahrung ist. Es wäre besser, die Leute hörten auf, über Nahrung nachzudenken und sich selbst mit der Suche nach der „wahren Bedeutung des Lebens" zu quälen. Wir können die Antwort auf große spirituelle Fragen niemals kennen, aber *es ist in Ordnung, nicht zu verstehen*. Wir sind geboren worden und leben auf der Erde, um die Realität des Lebens direkt zu erfahren.

Leben ist mehr als das Ergebnis von „geboren werden". Was immer die Leute essen, um am Leben zu bleiben, und was immer sie meinen essen zu müssen, um zu leben, sie haben es sich selbst ausgedacht. Auf dieser Welt muß niemand verhungern, wenn wir unseren menschlichen Willen aufgeben und uns stattdessen von der Natur führen lassen. Hier und jetzt zu leben, das ist die wahre Grundlage des menschlichen Lebens. Wenn naives wissenschaftliches Wissen zur Lebensgrundlage wird, lernen die Leute zu leben, als ob sie nur von Stärke, Fetten und Proteinen und Pflanzen nur von Stickstoff, Phosphor und Pottasche abhängig seien.

Und die Wissenschaftler - gleich wie sehr sie die Natur untersuchen, gleich wie weitgehend sie forschen - müssen am Ende nur erkennen, wie perfekt und geheimnisvoll die Natur wirklich ist. Zu glauben, daß durch Forschung und Erfindung die Menschheit die Natur verbessern kann, ist eine Illusion. Ich denke, die Menschen kämpfen, um das zu erkennen, was man die umfassende Unbegreiflichkeit der Natur nennen könnte.

Für den Bauern und seine Arbeit soll das heißen: Diene der Natur, und alles ist gut. Ackerbau war eine heilige Aufgabe. Als die

Menschheit von diesem Ideal abging, entstand die moderne gewerbliche Landwirtschaft. Als der Bauer Feldfrüchte anzubauen begann, um Geld zu verdienen, vergaß er die wahren Prinzipien der
Landwirtschaft. Natürlich hat der Händler in der Gesellschaft seine
Aufgabe, aber die Verherrlichung des Handels führt dazu, die Menschen von der Erkenntnis der wahren Quellen des Lebens zu entfernen. Der Ackerbau als eine Beschäftigung mit der Natur ist diesen
Quellen sehr nahe. Viele Bauern sind sich der Natur nicht bewußt,
sogar wenn sie in ihr leben und arbeiten, aber mir scheint, daß Akkerbau viele Möglichkeiten zu größerer Bewußtheit anbietet.

„Ob der Herbst Wind oder Regen bringt, kann ich nicht wissen,
aber heute arbeite ich auf den Feldern." Das sind die Worte eines
alten Heimatliedes. Sie drücken die Wahrheit des Ackerbaus als Le-
bensweg aus. Egal, wie die Ernte wird, ob es genug zu essen gibt
oder nicht, in der einfachen Aussaat und der Sorge um die Pflanzen
unter Führung der Natur, darin liegt Freude.

Verschiedene Schulen des natürlichen Anbaus

Das Wort „Arbeit" mag ich nicht besonders gern. Menschen sind
die einzigen Tiere, die arbeiten müssen, und das ist für mich lächerlich. Andere Tiere „verdienen" ihren Unterhalt durch ihr Leben,
aber die Menschen arbeiten wie verrückt und denken, daß sie es
müssen, um zu überleben. Je schwieriger die Arbeit, je größer die
Herausforderung, umso wundervoller ist es, meinen sie. Es wäre
gut, diese Denkweise aufzugeben und ein leichtes, bequemes Leben
mit viel freier Zeit zu führen. Ich denke, daß die Art, wie Tiere in
den Tropen leben - am Morgen und am Abend hinaustreten und
nachsehen, ob es etwas zu essen gibt, und am Nachmittag ein langes
Schläfchen halten - ein wunderbares Leben ist.

Menschen wäre ein Leben von solcher Einfachheit möglich, wenn
man arbeiten würde, um direkt für seine täglichen Bedürfnisse zu
produzieren. Bei solch einem Leben ist Arbeit keine Arbeit im her-
kömmlichen Sinn, sondern einfach das, was nötig ist, was getan
werden muß.

Die Dinge in diese Richtung zu lenken ist mein Ziel. Es ist auch das Ziel der sieben oder acht jungen Leute, die gemeinsam in den Hütten am Berg leben und bei der Feldarbeit aushelfen. Diese jungen Leute möchten Bauern werden, neue Dörfer und Gemeinschaften aufbauen und diese Art von Leben versuchen. Sie kommen auf meinen Hof, um die Landwirtschaft zu erlernen, die zur Durchführung dieses Plans nötig ist.

Schaut man sich um im Lande, so stellt man fest, daß in jüngster Zeit einige Kommunen entstanden sind. Man kann sie auch Hippie-Gruppen nennen. Aber im Zusammenleben und -arbeiten, in ihrer Suche nach dem Weg zurück zur Natur, sind sie das Vorbild des „neuen Bauern". Sie verstehen, daß Verwurzeltsein bedeutet, von den Erträgen des eigenen Landes zu leben. Eine Gemeinschaft, die es nicht schafft, für ihre Nahrung selbst zu sorgen, ist nicht von Dauer.

Viele dieser jungen Leute reisen nach Indien oder zum Gandhi-Dorf nach Frankreich, verbringen Zeit in einem Kibbuz in Israel oder besuchen Kommunen in den Bergen und Wüsten des amerikanischen Westens. Es gibt Kommunen wie die Gruppe auf Suwanose in Südjapan, die neue Formen des Familienlebens versucht und die Nähe des Stammeslebens erfährt. Ich glaube, daß die Bewegung dieser Handvoll Leute den Weg in eine bessere Zeit aufzeigt. Unter diesen Menschen faßt natürlicher Ackerbau schnell Fuß und bekommt Triebkraft. Außerdem haben verschiedene religiöse Gruppen mit natürlicher Landwirtschaft begonnen. Um die wahre Natur des Menschen zu suchen, muß man - egal wie man es anfängt - mit der Gesundheit beginnen. Der Pfad, der zu Bewußtheit führt, umfaßt, sein tägliches Leben redlich zu leben und vollwertige, natürliche Nahrung anzubauen und zu essen. Daraus folgt, daß natürliche Landwirtschaft für viele Leute der beste Anfang ist. Ich selbst gehöre zu keiner religiösen Gruppe und diskutiere meine Ansichten freimütig mit jedem. Ich kümmere mich nicht viel um Unterschiede zwischen Christentum, Buddhismus, Shintoismus und den anderen Religionen, es erregt aber meine Neugierde, daß sich Leute mit tiefer religiöser Überzeugung von meinem Hof angezogen fühlen. Ich glaube, das geschieht, weil natürliche Landwirtschaft, anders als andere Anbaumethoden, auf einer Philosophie basiert, die mehr ist als Bodenanalyse, pH-Wert und Ernteerträge.

Vor einiger Zeit kam jemand vom *Pariser Zentrum für organischen Gartenbau* den Berg hinauf, und wir verbrachten den Tag mit Gesprächen. Er erzählte Neues aus Frankreich, und ich erfuhr, daß eine Konferenz auf internationaler Ebene über organischen Gartenbau geplant sei. Dieser Franzose besuchte - als Vorbereitung auf die Versammlung - organisch und natürliche bewirtschaftete Bauernhöfe auf der ganzen Welt. Ich führte ihn im Obstgarten herum, dann ließen wir uns zu einer Tasse Beifußtee nieder und diskutierten einige meiner Beobachtungen der vergangenen 30 Jahre. Ich sagte, wenn man die Prinzipien des im Westen populären organischen Akkerbaus betrachtet, erkennt man, daß sie kaum von denen der traditionellen fernöstlichen Landwirtschaft abweichen, die in China, Korea und Japan viele Jahrhunderte lang praktiziert wurde. Alle japanischen Bauern bauten während der Meiji- und der Taisho-Ära (1868-1926) auf ähnliche Art an - und das noch bis zum Ende des Zweiten Weltkrieges.

Es war ein System, das die fundamentale Notwendigkeit von Kompost und der Aufbereitung menschlicher und tierischer Abfälle betonte. Die Form der Durchführung war intensiv und umfaßte Techniken wie Fruchtwechsel, Misch-/Begleit-Pflanzung und die Verwendung von Gründüngung. Da der Raum begrenzt war, wurden niemals Felder brach liegen gelassen.

Die Pflanz- und Erntepläne wurden genau eingehalten. Alle organischen Rückstände wurden zu Kompost verarbeitet und auf die Felder zurückgebracht. Die Verwendung von Kompost wurde offiziell unterstützt, und die landwirtschaftliche Forschung war hauptsächlich mit organischer Materie und Kompostierungstechniken befaßt.

So existierte als Hauptströmung im japanischen Ackerbau eine Landwirtschaft, die bis hinein in moderne Zeiten Tiere, Pflanzen und Menschen zu einem Körper verband. Man könnte sagen, daß organischer Landbau, wie er im Westen praktiziert wird, diese traditionelle Landwirtschaft des Ostens als Ausgangspunkt genommen hat.

Ich fuhr fort und sagte, daß bei den natürlichen Ackerbaumethoden zwei Formen unterschieden werden könnten: umfassende, transzendente natürliche Landwirtschaft und der enge natürliche Anbau der relativen Welt. (Das ist die Welt, wie sie vom Intellekt verstanden wird.) Wollte ich darüber in buddhistischen Begriffen sprechen, könnten die beiden Formen als *Mahayana-* und *Hinayana* bezeichnet werden.

Umfassende Mahayana-Landwirtschaft entsteht von selbst, wenn zwischen Mensch und Natur eine Einheit existiert. Sie paßt sich der Natur, wie sie ist, und dem Verstand, wie er ist, an. Sie geht aus der Überzeugung hervor, daß, wenn das Individuum zeitweilig seinen Willen aufgibt und sich selbst erlaubt, von der Natur geführt zu werden, die Natur antwortet, indem sie für alles sorgt. Eine einfache Analogie: In der transzendenten natürlichen Landwirtschaft kann die Beziehung zwischen Menschheit und Natur verglichen werden mit der vollkommenen Ehe zwischen einem Mann und einer Frau. Die Ehe wird nicht gegeben, nicht empfangen. Das vollkommene Paar gelangt durch sich selbst zur Existenz.

Enger natürlicher Ackerbau auf der anderen Seite *strebt* den Weg der Natur *an*. Er *versucht* - durch „organische" oder andere Methoden - der Natur zu folgen. Ackerbau wird benutzt, um ein gegebenes Ziel zu erreichen. Obwohl die Natur aufrichtig geliebt und ernsthaft umworben wird, ist die Beziehung nur ein Versuchen. Moderner industrieller Ackerbau begehrt die Weisheit des Himmels, ohne seine Bedeutung zu begreifen, und möchte gleichzeitig Nutzen aus der Natur ziehen. In seiner ruhelosen Suche ist er nicht in der Lage, irgendetwas zu finden, auf das er sich beziehen könnte.

Die enge Auffassung des natürlichen Anbaus sagt, daß es gut für den Bauern ist, der Erde organisches Material zu geben und Tiere zu halten, und daß das der beste und wirksamste Weg ist, die Natur zu nutzen. Für die persönliche Praxis ist das in Ordnung, aber dadurch allein kann der Geist der wahren natürlichen Landwirtschaft nicht lebendig gehalten werden. Diese Art des begrenzten natürlichen Ackerbaus ist der Schule des Schwertkampfes ähnlich, die als die *Schule des einen Schlages* bekannt ist. Sie sucht den Sieg durch geschickte, jedoch ich-bewußte Anwendung von Technik. Moderner industrieller Anbau folgt der *Schule der zwei Schläge*, die daran glaubt, daß der Sieg durch Austeilen der größten Zahl an Schwertschlägen errungen werden kann.

Im Gegensatz dazu ist reine, natürliche Landwirtschaft die *Kein-Schlag-Schule*. Sie geht nirgendwohin und sucht keinen Sieg. „Nichts-Tun" in die Praxis umzusetzen ist das Einzige, was zu vollenden der Bauer sich bemühen sollte. Lao Tzu sprach von nicht-aktiver Natur, und ich glaube, wäre er Bauer, würde er sicher natürliche Landwirtschaft praktizieren. Ich glaube, daß Gandhis Weg, eine unmethodische Methode, die in einem nicht siegenden, sich nicht widersetzenden Geiste handelt, der natürlichen Landwirtschaft verwandt ist. Wer versteht, daß man Freude und Glück im Versuch, sie zu besitzen, verliert, der versteht das Wesen der natürlichen Landwirtschaft. Ziel von Landwirtschaft ist letztlich nicht der Anbau von Pflanzen, sondern die Kultivierung und Vervollkommnung des Menschen. (In diesem Abschnitt spricht Fukuoka vom Unterschied zwischen Techniken, die in bewußter Verfolgung eines gegebenen Zieles angewendet werden und solchen, die spontan als Ausdruck der Harmonie einer Person mit der Natur entstehen, während sie ihren täglichen Geschäften nachgeht, frei von der Beherrschung des willensmäßigen Intellekts.)

Kapitel IV

Verwirrung über Nahrung

Ein junger Mann, der drei Jahre in einer der Hütten am Berg gelebt hatte, sagte eines Tages: „Wissen Sie, wenn Leute „Naturkost"
sagen, weiß ich nicht mehr, was sie damit meinen."

Denkt man darüber nach, so ist jeder mit dem Wort „Naturkost"
vertraut, aber wer versteht, was natürliche Nahrung wirklich ist? Es
gibt viele, die meinen, daß Nahrung ohne künstliche Chemikalien
oder Zusatzstoffe natürliche Nahrung ist, und es gibt andere, die
vage denken, daß natürliche Nahrung nur solche Nahrungsmittel
umfaßt, wie sie auch in der Natur vorkommen.

Fragt man, ob der Gebrauch von Feuer und Salz beim Kochen natürlich oder unnatürlich ist, so stimmt beides. Wenn die Ernährung
früherer primitiver Völker, die Pflanzen und Tiere wild aßen
„natürlich" ist, dann kann eine Ernährung, die Salz und Feuer benutzt, nicht natürlich genannt werden. Aber wenn eingewendet wird,
daß das in alten Zeiten erlangte Wissen über den Gebrauch von Salz
und Feuer die natürliche Bestimmung der Menschheit war, dann ist
demgemäß zubereitete Nahrung auch natürlich. Ist Nahrung gut, bei
der menschliche Zubereitungstechniken angewandt werden, oder
soll man wilde Nahrungsmittel, so wie sie in der Natur vorkommen,
als gut betrachten? Können kultivierte Pflanzen als natürlich gelten?
Wo will man die Grenze zwischen natürlich und unnatürlich ziehen?
Man kann sagen, daß der Begriff „natürliche Ernährung" in Japan
durch die Lehren von *Sagen Ishizuka* in der *Meiji*-Epoche herrührt.
Seine Theorie wurde später von *George Ohsawa* und *Mr. Niki* ver-
feinert und vollendet. Der Pfad der Ernährung, im Westen als Ma-
krobiotik bekannt, basiert auf der Theorie der Nicht-Dualität und
des Yin-Yang-Konzepts des I Ging. Da hiermit normalerweise eine
Ernährung mit braunem Reis gemeint ist, denkt man bei „natürlicher
Ernährung" an Vollkorn- und Gemüsekost. Naturkost kann jedoch
nicht so einfach mit *Brauner-Reis-Vegetarismus* umrissen werden.

Also was ist es dann? Der Grund für die Verwirrung ist der, daß es
zwei Wege menschlichen Wissens gibt, unterscheidendes und nicht-
unterscheidendes Wissen. (Das ist eine Unterscheidung, die viele
fernöstliche Philosophen machen. Unterscheidendes Wissen entspringt dem analytischen Intellekt aus dem Versuch heraus, Erfahrung in einen logischen Rahmen zu bringen. Fukuoka glaubt, daß
das Individuum sich durch diesen Prozeß selbst von der Natur entfernt. Es ist „begrenzte wissenschaftliche Wahrheit und begrenztes

wissenschaftliches Urteil", wie im entsprechenden Kapitel diskutiert wird.

Nicht-unterscheidendes Wissen entsteht ohne bewußte Anstrengung seitens des Individuums, wenn Erfahrung akzeptiert wird wie sie ist, ohne Interpretation durch den Intellekt.

Obwohl unterscheidendes Wissen zur Analyse praktischer Probleme in der Welt wesentlich ist, glaubt Fukuoka, daß das letztendlich eine zu enge Perspektive liefert.)

Die Leute glauben im allgemeinen, daß unmißverständliche Erkenntnis der Welt allein durch Unterscheidung möglich ist. Daher bezeichnet das Wort „Natur" im allgemeinen die Natur, wie sie vom unterscheidenden Intellekt wahrgenommen wird.

Ich verneine das leere Abbild der Natur, wie es der menschliche Intellekt erzeugt und trenne es deutlich von der Natur selbst, wie sie vom nichtunterscheidenden Verständnis erfahren wird. Wenn wir die falsche Vorstellung von Natur entwurzeln, dann glaube ich, verschwindet auch die Wurzel der Unruhe in der Welt.

Im Westen entwickelte sich die Naturwissenschaft aus unterscheidendem Wissen, im Osten entwickelte sich die Philosophie von Yin-Yang und I Ging aus dem gleichen Ursprung. Aber wissenschaftliche Wahrheit kann niemals absolute Wahrheit einholen, und letztlich sind Philosophien nicht mehr als Interpretationen der Welt. Natur, wie sie vom wissenschaftlichen Wissen erfaßt wird, ist Natur, die zerstört worden ist, sie ist ein Geist mit einem Skelett, aber ohne Seele. Natur, wie sie philosophisch begriffen wird, ist eine aus menschlicher Vermutung erschaffene Theorie, ein Geist mit einer Seele, aber ohne Struktur. Es gibt keine Möglichkeit, wie nichtunterscheidendes Wissen erkannt werden kann, außer durch direkte Einsicht, aber die Menschen versuchen es in einen vertrauten Rahmen zu pressen, indem sie es „Instinkt" nennen. Tatsächlich ist es ein Wissen aus einer unnennbaren Quelle. Man muß den unterscheidenden Verstand aufgeben und die Welt der Relativität transzendieren, wenn man die wahre Erscheinung der Natur kennen will. Ursprünglich gibt es keinen Osten oder Westen, keine vier Jahreszeiten und kein Yin oder Yang.

Als ich bis hierher gekommen war, fragte der Jugendliche: „Verneinen Sie dann nicht nur die Naturwissenschaft, sondern auch die fernöstlichen Philosophien auf der Grundlage von Yin-Yang und dem I Ging?" „Als zeitweilige Mittel oder als Wegweiser können sie wertvoll sein", sagte ich. „Aber sie sollten nicht als letzte Weisheiten angesehen werden. Wissenschaftliche Wahrheiten und Philosophien sind Konzepte der relativen Welt, dort bewahrheiten sie sich und ihr Wert wird anerkannt. Für moderne Leute zum Beispiel, die in der relativen Welt leben, die die Ordnung der Natur zerstören und ihren eigenen Körper und Geist zum Zusammenbruch bringen, kann das Yin-Yang-System ein angemessener und wirksamer Wegweiser zur Wiederherstellung der Ordnung sein.

Solche Wege können nützliche Theorien sein, um Leuten zu helfen, zu einer vernünftigen Ernährung zu gelangen, bis eine wahre natürliche Ernährung erreicht wird. Erkennt man aber, daß das letztendliche Ziel die Transzendierung der relativen Welt ist, dann sollte man sich nicht länger einer Theorie verhaftet abrackern. Wenn das Individuum in der Lage ist, in eine Welt einzutreten, wo die beiden Aspekte von Yin und Yang zu ihrer ursprünglichen Einheit zurückkehren, ist der Nutzen dieser Symbole zu Ende."

Ein junger Mann, der kurz zuvor dazugekommen war, fragte: „Wenn man also ein natürlicher Mensch wird, kann man dann alles essen, was man möchte?"

Erwartet man am Ende des Tunnels eine strahlende Welt, dann dauert die Dunkelheit im Tunnel um so länger. Wenn man nicht mehr etwas Leckeres essen *will*, ist man in der Lage, den wahren Geschmack von allem, was man ißt, zu schmecken. Es ist leicht, die einfachen Nahrungsmittel einer natürlichen Kost auf einer Tafel auszubreiten, aber es gibt nur wenige, die solch ein Fest wahrhaft genießen können.

Naturkost-Mandala

Ich denke über natürliche Nahrung genauso wie über natürliche Landwirtschaft. Natürliche Landwirtschaft fügt sich in die Natur, wie sie ist, ein, in die Natur, wie sie vom nicht-unterscheidenden Verstand begriffen wird. Natürliche Ernährung ist ein Weg des Essens, bei dem in der Wildnis gesammelte Nahrung oder durch natürliche Landwirtschaft gezogene Pflanzen und mit natürlichen Methoden gefangene Fische gegessen werden.

Wenn ich auch von nicht-absichtlicher Handlung und Nicht-Methode spreche, wird natürlich die im Laufe des alltäglichen Lebens erworbene Weisheit anerkannt. Der Gebrauch von Salz und Feuer beim Kochen könnte als erster Schritt der Trennung des Menschen von der Natur kritisiert werden, aber es ist nur eine natürliche Weisheit, wie sie von primitiven Menschen begriffen wurde und sollte als vom Himmel verliehene Weisheit gebilligt werden.

Pflanzen, die sich durch Tausende und Zehntausende von Jahren zusammen mit den Menschen in ihrem Dasein entfaltet haben, sind keine vollständig aus dem unterscheidenden Wissen des Bauern hervorgegangenen Produkte und können als natürlich vorkommende Nahrungsmittel gelten. Aber die heutigen veränderten Sorten, die sich nicht unter natürlichen Umständen entwickelt haben, sondern von einer Agrarwissenschaft, die weit von der Natur abgewichen ist, hervorgebracht wurden, genau wie in Massen produzierter Fisch, Krabben und domestizierte Tiere, fallen aus dieser Kategorie heraus.

Landwirtschaft, Fische, Tierzucht, die täglichen Realitäten von Nahrung, Kleidung, Obdach, geistigem Leben - alles, was es gibt - muß eine Einheit mit der Natur bilden. Ich habe die folgenden Diagramme gezeichnet, um die natürliche Ernährung, die Wissenschaft und Philosophie transzendiert, besser erklären zu können. Das erste stellt die Nahrungsmittel zusammen, die die Menschen finden können, sie sind mehr oder weniger in Gruppen zusammengefaßt. Das zweite Diagramm zeigt die Nahrungsmittel, die in den verschiedenen Monaten des Jahres verfügbar sind. Diese Diagramme ergeben das Mandala der natürlichen Nahrung. Aus diesem Mandala ist ersichtlich, daß die auf der Erde zur Verfügung stehenden Nahrungsquellen beinahe unbegrenzt sind. Wenn die Menschen durch „Nicht-Verstand" (Ein buddhistischer Begriff, der den Zustand beschreibt, in dem es keinen Unterschied zwischen dem Individuum und der „äußeren" Welt gibt.) zu Nahrung gelangen, können sie eine vollkommen natürliche Ernährung erreichen, auch wenn sie nichts von Yin und Yang wissen.

Die Fischer und Bauern in einem japanischen Dorf haben kein besonderes Interesse an der Logik dieser Diagramme. Sie folgen der Natur, indem sie die Nahrungsmittel auswählen, die sie je nach Jahreszeit in ihrer unmittelbaren Umgebung finden.

Vom frühen Frühling an, wenn die sieben Kräuter aus der Erde sprießen, kann der Bauer sieben Geschmäcker schmecken. Dazu den herrlichen Geschmack von Teichschnecken, Seebrassen und Turban-Schellfisch.

Die Jahreszeit des Grüns kommt im März. Pferdeschwanz, Brombeeren, Beifuß, Osmund und andere Bergpflanzen und natürlich die jungen Blätter der Dattelpflaume und des Pfirsichbaums sowie die Sprossen der Bergyamswurzel können gegessen werden. Mit ihrem leichten, köstlichen Geschmack ergeben sie leckere Tempura und können auch als Gewürz verwendet werden. An der Küste ist in den Frühjahrsmonaten köstliches Meeresgemüse wie Kelp, Nori und Felsenkraut reichlich vorhanden. Wenn der Bambus seine jungen Schößlinge treibt, sind grauer Felsenkabeljau, Seebrasse und gestreifter Schweinefisch am köstlichsten. Die Irisblütenzeit wird mit Fisch und der *sashima*-Makrele gefeiert. Grüne Erbsen, Schnee-Erbsen, Lima-Bohnen und Fava-Bohnen schmecken direkt aus der Schote gegessen oder mit Vollkorn wie braunem Reis, Weizen oder Gerste gekocht. Gegen Ende der Regenzeit (in den meisten Teilen Japans dauert die Regenzeit von Juni bis Mitte Juli) werden japanische Pflaumen eingesalzen und Himbeeren und Erdbeeren können im Überfluß gesammelt werden. Zu dieser Zeit ist es natürlich, daß der Körper nach dem frischen Geschmack von Schalotten und wässrigen Früchten wie Loquats, Aprikosen und Pfirsichen verlangt. Die Loquat-Frucht ist nicht der einzige eßbare Teil der Pflanze. Die Samen können zu „Kaffee" gemahlen werden, und wenn man die Blätter zu Tee kocht, hat man eine der besten Arzneien. Die reifen Blätter von Pfirsich- und Dattelpflaumenbäumen ergeben ein lebensverlängerndes Tonikum.

Scheint die Hochsommersonne strahlend, ist es ein schöner Zeitvertreib, im Schatten eines hohen Baumes zu sitzen, Melone zu essen und Honig zu schlecken. Die vielen Sommergemüse wie Karotten, Spinat, Rettich und Gurke werden erntereif. Der Körper braucht auch Gemüse oder Sesamöl, um die sommerliche Faulheit zu vertreiben.

Man kann es, wenn man will, geheimnisvoll nennen, daß das im Frühling geerntete Wintergetreide gut zu dem geringeren Appetit im Sommer paßt, deshalb werden im Sommer oft Gerstennudeln in verschiedenen Größen und Formen zubereitet. Zur gleichen Zeit wird auch Buchweizen geerntet. Er ist eine alte Wildpflanze und ein Nahrungsmittel, das gut zu dieser Jahreszeit paßt.

Der Frühherbst ist eine glückliche Zeit, wenn Sojabohnen und kleine rote Azuki-Bohnen, viele Früchte, Gemüse und verschiedene gelbe Getreide zur gleichen Zeit reifen.

Zu den Herbstmond-Feierlichkeiten werden Hirsekuchen genossen und überbrühte Sojabohnen zusammen mit Taro-Kartoffeln serviert. Wenn der Herbst fortschreitet, gibt es Mais und gedämpften Reis mit roten Bohnen, Matsutake-Pilzen oder Kastanien. Aber am wichtigsten ist, daß der Reis, der den ganzen Sommer lang die Sonnenstrahlen aufgenommen hat, im Herbst reift. Das bedeutet, daß für die langen Wintermonate ein Grundnahrungsmittel zur Verfügung steht, daß reichlich vorhanden und gehaltvoll ist.

Beim ersten Frost will man zum Bratfisch-Stand. Salzwasserfische wie Gelbschwanz und Thunfisch können während dieser Jahreszeit gefangen werden. Es ist interessant, daß japanischer Rettich und die Blattgemüse, die es während dieser Zeit reichlich gibt, gut zu diesem Fisch passen.

Die Speisen für die Neujahrsferien werden weitgehend aus Lebensmitteln zubereitet, die extra für die großen Feierlichkeiten eingelegt und eingesalzen wurden. Gesalzener Salm, Heringseier, rote Seebrasse, Hummer, Kelp und schwarze Bohnen werden seit vielen Jahrhunderten jedes Jahr zu diesem Fest serviert.

Jetzt die Rettiche und Rüben, die im Boden geblieben und noch mit einer Decke aus Erde und Schnee bedeckt sind, auszugraben, ist eine schöne Erfahrung. Getreide, verschiedene Bohnen, die während des Jahres angebaut wurden, Miso und Sojasauce sind als Grundnahrungsmittel immer zur Hand. Zusammen mit Kohl, Rettichen, Squash und Süßkartoffeln, die im Herbst eingelagert wurden, ist während der kalten Monate eine Vielzahl von Nahrungsmitteln verfügbar. Lauch und wilde Schalotten passen auch gut zum delikaten Geschmack von Austern und Seegurken, die dann gesammelt werden können.

Während man auf den Frühling wartet, sieht man Huflattichsprossen und die eßbaren Blätter der kriechenden Erdbeer-Geranie (Storchschnabel) aus dem Schnee hervorschauen. Mit der Wiederkehr von Brunnenkresse, Hirtentäschel, Hühnerkraut und den anderen wilden Kräutern kann ein Garten mit natürlichen Frühlingsgemüsen direkt unter dem Küchenfenster abgeerntet werden. So nehmen die einheimischen Dorfbewohner an, was die Natur bietet, ernähren sich bescheiden, sammeln die Nahrungsmittel der verschiedenen Jahreszeiten mit der Hand und genießen ihren heilsamen und kräftigen Geschmack.

Die Leute kennen den köstlichen Geschmack der Nahrung, aber nicht den geheimnisvollen Geschmack der Natur. Oder besser, sie können ihn fühlen, aber nicht in Worten ausdrücken.

Eine natürliche Ernährung liegt direkt vor unseren Füßen.

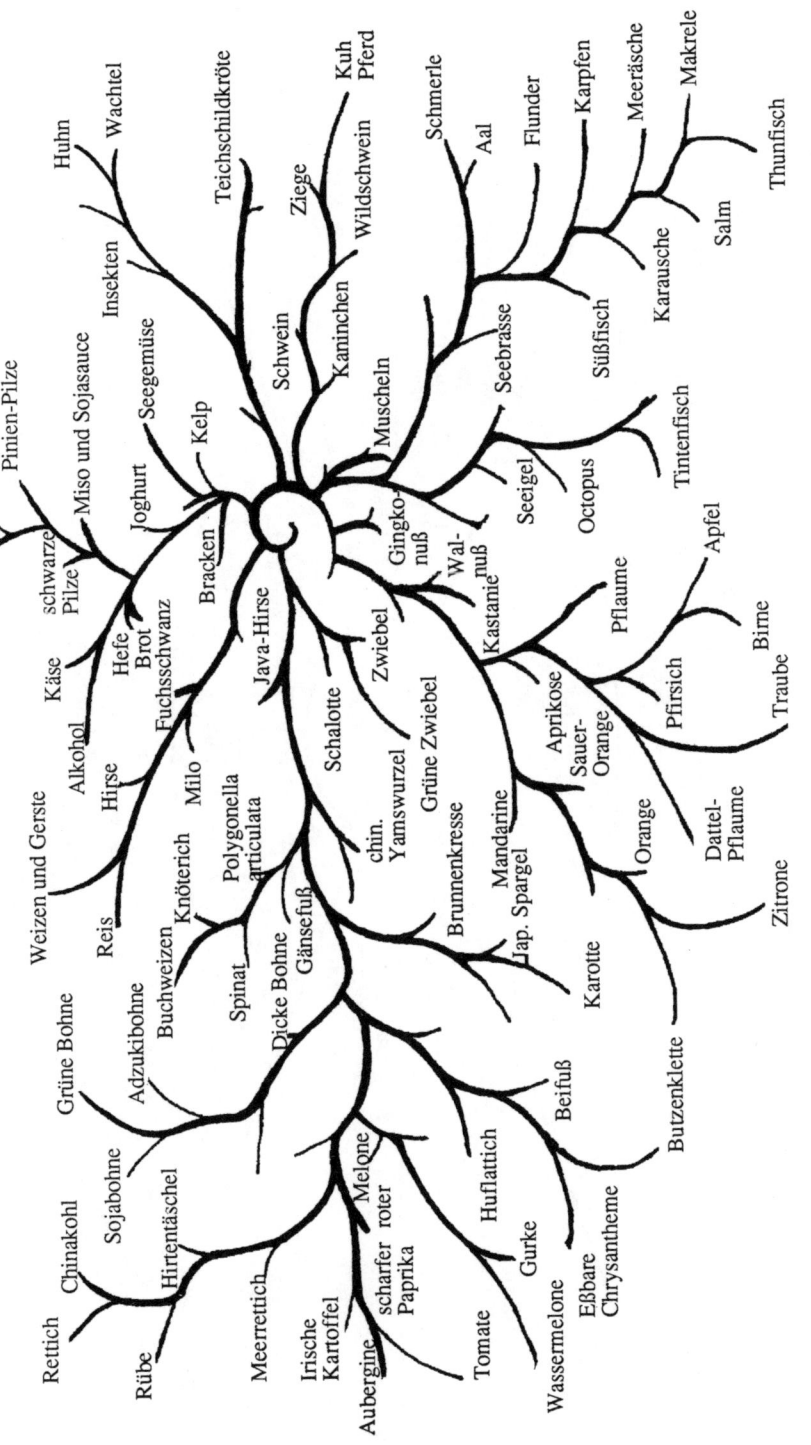

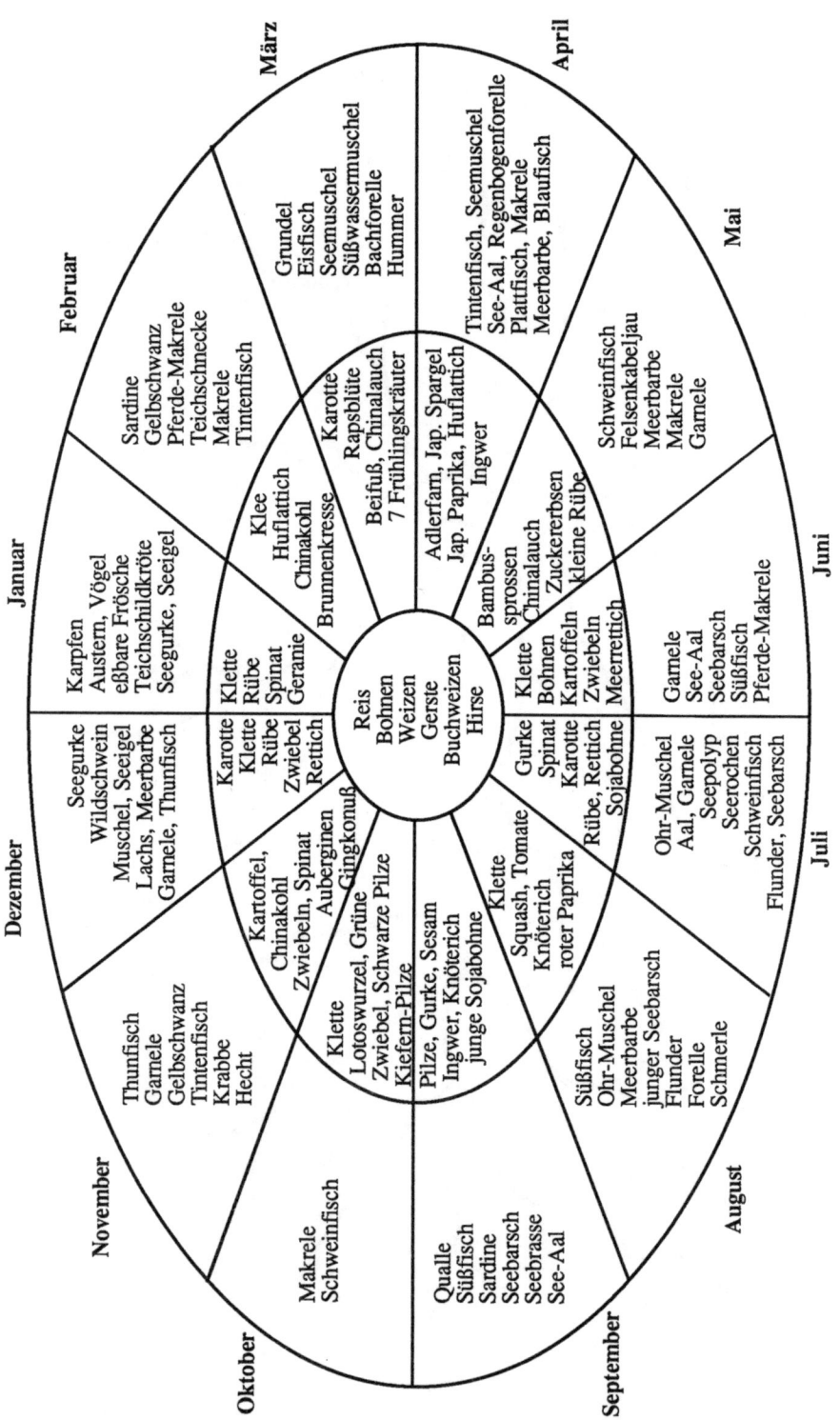

Die Eß-Kultur

Werden wir gefragt, warum wir essen, denken wenige über die Tatsache hinaus, daß Nahrung notwendig ist, um Leben und Wachstum im menschlichen Körper zu erhalten. Wie aber ist es mit der tiefergehenden Frage nach der Beziehung der Nahrung zum menschlichen Geist? Tieren reicht es, zu essen, zu spielen und zu schlafen. Auch für Menschen wäre es ein großer Fortschritt, wenn sie gesunde Nahrung, einen einfachen Tagesablauf und erholsamen Schlaf genießen könnten.

Buddha sagte: „Form ist Leere und Leere ist Form". Da die „Form" buddhistischer Begrifflichkeit Materie oder Dinge bezeichnet und Leere der Verstand ist, sagt er damit, daß Materie und Geist eins sind. Dinge haben viele verschiedene Farben, Formen und Geschmäcker, und der Verstand der Menschen flattert, von den unterschiedlichen Eigenschaften der Dinge angezogen, hin und her. Tatsächlich aber sind Materie und Verstand eins.

Farbe

Es gibt sieben Grundfarben. Wenn aber diese sieben Farben vereint werden, ergeben sie Weiß. Von einem Prisma gebrochen, wird das weiße Licht wieder zu den sieben Farben. Wenn ein Mensch die Welt mit „Nicht-Verstand" betrachtet, veschwindet die Farbe in der Farbe. Es ist „Nicht-Farbe". Nur wenn sie vom siebenfarbigen Verstand der Unterscheidung gesehen werden, erscheinen die sieben Farben.

Wasser erlebt zahllose Wandlungen, aber Wasser ist immer noch Wasser. Auf die gleiche Weise - auch wenn es scheint, als sei der bewußte Verstand Veränderungen unterworfen - verändert sich der ursprüngliche, unbewegliche Verstand nicht. Wenn jemand durch die sieben Farben verblendet ist, ist der Verstand leicht zu verwirren. Die Farben von Blättern, Ästen und Früchten werden wahrgenommen, während die Grundlage der Farben unbemerkt bleibt.

Das trifft auch auf Nahrung zu. Es gibt in dieser Welt viele natürliche Substanzen, die für die menschliche Ernährung geeignet sind. Diese Nahrungsmittel werden vom Verstand unterschieden, und man glaubt, daß sie gute und schlechte Qualitäten besitzen. Die Menschen wählen dann das, was sie meinen haben zu müssen, bewußt aus. Dieser Prozeß der Auswahl erschwert die Erkenntnis der

Grundlage menschlicher Ernährung - das, was der Himmel für den Ort und die Jahreszeit vorschreibt.

Die Farben der Natur verändern sich so leicht wie Hortensienblüten. Das Wesentliche der Natur ist ewige Transformation. Man kann es unendliche Bewegung nennen, genauso gut aber auch sichnicht-bewegende Bewegung. Wenn der Verstand die Auswahl der Nahrung übernimmt, wird das Verständnis der Natur starr, und die Veränderungen der Natur, wie z. B. die Jahreszeiten, werden ignoriert.

Sinn einer natürlichen Ernährung ist nicht, kenntnisreiche Leute zu erziehen, die vernünftige Erklärungen abgeben und geschickt zwischen den verschiedenen Nahrungsmitteln auswählen können, sondern Menschen zu schaffen, die Nahrung annehmen, ohne bewußte Unterscheidungen zu treffen. Das ist nicht gegen den Weg der Natur. In der Erkenntnis von „Nicht-Verstand", ohne sich in den Feinheiten der Form zu verlieren, die Farbe der Farblosigkeit als Farbe zu akzeptieren, beginnt richtige Ernährung.

Geschmack

Die Leute sagen: „Man weiß nicht, wie etwas schmeckt, bis man es kostet." Aber auch wenn man kostet, kann der Geschmack der Nahrung variieren, je nach Zeit und Umständen und der Einstellung desjenigen, der kostet.

Fragt man einen Wissenschaftler, was das Wesen von Geschmack ist, versucht er, es durch die Isolierung der verschiedenen Komponenten und durch die Bestimmung der Proportionen von süß, sauer, bitter, salzig und scharf zu definieren. Aber Geschmack kann nicht durch Analysen oder durch die Zungenspitze definiert werden. Auch wenn die fünf Geschmacksrichtungen mit der Zunge wahrgenommen werden, sammelt und interpretiert der Verstand die Eindrücke. Ein „Natur"-Mensch ernährt sich richtig, denn sein Instinkt arbeitet richtig. Er ist mit einfacher Nahrung zufrieden. Diese ist nahrhaft, schmeckt gut und ist tägliche Arznei. Nahrung und der menschliche Geist sind vereint.

Moderne Menschen haben ihren klaren Instinkt verloren und sind folglich nicht mehr in der Lage, die sieben Kräuter des Frühlings zu sammeln und zu genießen. Sie suchen nach Geschmacksvielfalt. Ihre Ernährung ist ungeordnet, der Abstand zwischen Neigung und Abneigung vergrößert sich, und ihr Instinkt wird immer unklarer. An diesem Punkt fangen die Menschen an, ihre Nahrung stark zu würzen und ausgefeilte Kochtechniken anzuwenden, damit vergrößern sie die Verwirrung noch. Nahrung und menschlicher Geist haben sich entfremdet.

Den meisten Menschen ist heute sogar der Geschmack von Reis fremd geworden. Das volle Korn wird raffiniert und verarbeitet. Zurück bleibt nur die geschmacklose Stärke. Poliertem Reis fehlt der einzigartige Duft und Geschmack von vollem Reis. Folglich sind Gewürze erforderlich, und das Ganze muß mit Beilagen oder durch Sauce ergänzt werden. Die Leute denken fälschlicherweise, es mache nichts aus, daß der Nährwert des Reises niedrig ist, solange Vitaminzusätze oder andere Nahrungsmittel wie Fleisch oder Fisch die fehlenden Nährstoffe liefern.

Wohlschmeckende Nahrung ist nicht an sich geschmackvoll. Sie wird es erst dann, wenn jemand sie dafür hält. Obwohl die meisten Leute meinen, Rindfleisch und Huhn seien delikat, wirken sie auf eine Person abstoßend, die sich aus körperlichen oder spirituellen Gründen entschieden hat, sie nicht zu mögen.

Kinder sind glücklich, wenn sie einfach nur spielen oder überhaupt nichts tun. Ein unterscheidender Erwachsener legt fest, was ihn glücklich macht, und wenn diese Bedingungen erfüllt sind, fühlt er sich zufrieden. Nahrungsmittel schmecken ihm nicht notwendigerweise gut, weil sie den feinen Geschmack der Natur besitzen und den Körper nähren, sondern weil sein Geschmackssinn von der *Vorstellung* bestimmt wird, daß sie gut schmecken.

Weizennudeln sind köstlich, eine Tasse Fertignudeln aus einem Verkaufsautomaten schmeckt scheußlich. Wird aber durch die Werbung die Ansicht, daß sie schlecht schmecken, ausgelöscht, schmecken vielen Leuten sogar diese ungesunden Nudeln gut.

Es gibt Geschichten darüber, daß geschickt getäuschte Leute sogar Pferdemist gegessen haben. Das ist nicht zum Lachen. Heutzutage essen Leute mit ihrem Verstand, nicht mit ihrem Körper. Vielen Leuten ist es egal, ob ihre Nahrung Glutamat enthält, sie schmecken nur mit ihrer Zungenspitze, deshalb werden sie leicht betrogen.

Am Anfang aßen die Menschen einfach, weil sie lebten und weil Nahrung gut schmeckte. Moderne Menschen haben zu denken gelernt, daß Speisen fade sind, wenn sie nicht mit ausgefeilten Gewürzen zubereitet werden. Wenn man nicht versucht, Nahrung wohlschmeckend zu machen, dann erkennt man, daß die Natur dies schon getan hat.

Die erste Überlegung sollte sein, auf eine Weise zu leben, daß Nahrung an sich gut schmeckt, stattdessen gehen heute alle Anstrengungen dahin, den Geschmack durch Zutaten zu verbessern.

Ironischerweise sind fast alle wirklich guten Nahrungsmittel verschwunden.

Die Leute versuchten, leckeres Brot zu bereiten, und leckeres Brot verschwand. Durch den Versuch, reichhaltige luxuriöse Nahrungsmittel zu produzieren, entstehen nutzlose Produkte, und der Appetit der Leute ist unbefriedigt.

Die besten Zubereitungsmethoden bewahren den reinen Geschmack der Natur. Mit der alltäglichen Weisheit alter Zeiten konnten die Menschen verschiedene Arten von Gemüse-Pickles wie sonnengetrocknete Pickles, Salz-Pickles, Kleie-Pickles und Miso-Pickles so zubereiten, daß auch der Geschmack der Gemüse selbst bewahrt wurde.

Die Kunst des Kochens beginnt mit Meersalz und einem knisternden Feuer. Wird Nahrung von jemandem zubereitet, der sensibel für die Grundlagen der Kochkunst ist, behält sie ihren natürlichen Geschmack. Wenn Nahrung durch das Kochen einen fremden und exotischen Geschmack bekommt, und wenn der Zweck dieser Veränderung nur der ist, den Gaumen zu erfreuen, ist das falsches Kochen.

Kultur wird normalerweise für etwas allein durch menschliche Bemühungen Geschaffenes, Erhaltenes und Entwickeltes gehalten. Aber Kultur entspringt immer der Partnerschaft von Mensch und Natur. Wird die Einheit der menschlichen Gesellschaft mit der Natur erkannt, nimmt Kultur selbst Form an. Kultur ist immer eng mit dem täglichen Leben verbunden gewesen, wurde künftigen Generationen weitergegeben und bis in die Gegenwart bewahrt.

Etwas aus menschlichem Stolz und dem Verlangen nach Vergnügen Geborenes kann nicht als echte Kultur bezeichnet werden. Echte Kultur entsteht aus der Natur, und sie ist einfach, bescheiden und rein. Fehlt der Menschheit wahre Kultur, wird sie untergehen.

Als die Leute natürliche Nahrung ablehnten und sich stattdessen auf raffinierte Nahrung verlegten, betrat die Gesellschaft den Pfad ihres Untergangs. Dem ist so, weil Nahrung heute nicht das Produkt echter Kultur ist. Nahrung ist Leben, und Leben darf keinen Schritt von der Natur abweichen.

110

Vom Brot allein leben

Es gibt nichts Besseres, als schmackhafte Nahrung zu essen, aber für die meisten Leute ist Essen nur dazu da, den Körper zu ernähren, Energie für die Arbeit zu haben und bis ins hohe Alter zu leben. Mütter sagen ihren Kindern oft, sie sollen ihr Essen essen - auch wenn sie dieses nicht mögen - weil es „gut" für sie sei.

Ernährung kann aber nicht vom Geschmackssinn getrennt werden. Nahrhafte Nahrungsmittel, die gut für den menschlichen Organismus sind, regen den Appetit an und sind an sich köstlich. Richtige Ernährung ist von gutem Geschmack untrennbar.

Vor nicht allzu langer Zeit bestand das tägliche Mahl der Bauern in dieser Gegend aus Reis und Gerste mit Miso und eingelegtem Gemüse. Diese Ernährung schenkte ein langes Leben, eine kräftige Konstitution und gute Gesundheit. Gedämpftes Gemüse und gedämpfter Reis mit roten Bohnen waren ein Festmahl, das es einmal im Monat gab. Der gesunde, robuste Körper des Bauern konnte sich gut von dieser einfachen Reiskost ernähren.

Die traditionelle Reis-Gemüse-Kost des Ostens unterscheidet sich sehr von der westlichen Ernährung. Westliche Ernährungswissenschaftler glauben, daß eine ausgewogene Kost und gute Gesundheit nicht aufrecht erhalten werden können, solange nicht täglich bestimmte Mengen an Stärke, Fett, Protein, Mineralien und Vitaminen gegessen werden. Diese Überzeugung spiegelt sich in der Mutter wider, die ihrem Kind „nahrhaftes" Essen in den Mund stopft.

Man könnte annehmen, daß die westliche Ernährungslehre mit ihren ausgefeilten Theorien und Berechnungen alle Zweifel über richtige Ernährung ausgeräumt hat. Tatsache ist aber, daß sie weit mehr Probleme schafft, als sie löst.

Ein Problem ist, daß sich die westliche Ernährungswissenschaft nicht bemüht, die Ernährung an den natürlichen Zyklus anzupassen. Eine daraus resultierende Ernährung führt dazu, den Menschen von der Natur zu isolieren. Angst vor der Natur und ein allgemeines Gefühl der Unsicherheit sind oft die bedauerlichen Folgen.

Ein weiteres Problem ist, daß spirituelle und emotionale Werte vollkommen vergessen werden, obwohl Nahrungsmittel eng mit dem menschlichen Geist und mit Gefühlen verbunden sind. Wenn der Mensch nur als ein physiologisches Objekt gesehen wird, ist es unmöglich, zu einem ganzheitlichen Ernährungsverständnis zu gelangen. Werden bruchstückhaft Informationen gesammelt und in

Verwirrung zusammengebracht, ist das Resultat eine unvollkommene Ernährung, die uns von der Natur entfremdet.

„In einem Ding liegen alle Dinge, aber wenn alle Dinge zusammen gebracht werden, kann daraus nicht ein Ding entstehen." Die westliche Wissenschaft ist nicht in der Lage, die Regeln östlicher Philosophie zu begreifen. Jemand kann einen Schmetterling analysieren und untersuchen, soviel er will, einen Schmetterling schaffen kann er nicht.

Würde westliche wissenschaftliche Kost im großen Stil in die Praxis umgesetzt, welche praktischen Probleme würden sich daraus ergeben? Qualitätsfleisch, Eier, Gemüse, Brot und andere Nahrungsmittel müßten das ganze Jahr über ständig verfügbar sein. Massenproduktion und Langzeitlagerung wären notwendig. In Japan hat dies die Bauern bereits dazu gebracht, im Winter Sommergemüse wie Salat, Gurken, Auberginen und Tomaten zu produzieren. Es wird nicht mehr lange dauern, bis die Bauern Dattelpflaumen im Frühling und Pfirsiche im Herbst ernten sollen.

Es ist unvernünftig zu meinen, daß eine gesunde, ausgewogene Ernährung einfach durch eine jahreszeitenunabhängige Versorgung mit einer großen Auswahl an Nahrungsmitteln erreicht werden kann. Verglichen mit natürlich reifenden Pflanzen enthalten Gemüse und Früchte, die außerhalb der Saison unter notwendigerweise unnatürlichen Bedingungen angebaut wurden, weniger Vitamine und Mineralien. Es ist nicht überraschend, daß im Herbst oder Winter angebautes Sommergemüse nicht den Geschmack und den Duft jener Früchte hat, die in der Sonne mit natürlichen, organischen Methoden gewachsen sind.

Chemische Analysen, Nährwert-Verhältnisse und ähnliche Betrachtungen sind die wichtigsten Ursachen des Irrtums. Die von der modernen Wissenschaft vorgeschriebene Nahrung ist weit von der traditionellen asiatischen Ernährung entfernt und unterhöhlt die Gesundheit des japanischen Volkes.

Zusammenfassung zur Ernährung

Man kann die Ernährungsweisen auf dieser Welt in vier Hauptströme unterteilen:

1) Eine nachlässige Ernährung nach Gewohnheit und persönlichem Geschmack. Wer so ißt, schwankt, Launen und Moden folgend, ziellos hin und her. Diese Ernährung will ich als selbstbezogene, leere Eßweise bezeichnen.

2) Die normale Ernährung der meisten Leute, die auf wissenschaftlichen Erkenntnissen beruht. Bestimmte Nahrungsmittel werden zum Zweck der Erhaltung der Körperfunktionen gegessen. Sie kann materialistische, wissenschaftliche Eßweise genannt werden.

3) Die auf spirituellen Prinzipien und idealistischer Philosophie basierende Ernährung. Da sie die Anzahl der Nahrungsmittel einschränken und auf Verdichtung ausgerichtet sind, fallen die meisten „natürlichen" Ernährungsweisen in diese Gruppe. Diese könnte man Prinzipienernährung nennen.

4) Die natürliche Ernährung, die dem Willen des Himmels folgt. Da diese Ernährung alles menschliche Wissen abstreift, nenne ich sie Eßweise der Nicht-Unterscheidung.

Zuerst gehen die Leute von der leeren Ernährung ab, die ein Quell zahlloser Krankheiten ist. Dann gehen viele, nachdem sie von der wissenschaftlichen Ernährung enttäuscht sind, die bloß das biologische Leben zu erhalten sucht, zu einer Prinzipienernährung über. Zuletzt erreicht man, all das hinter sich lassend, die nicht-unterscheidende Ernährung des natürlichen Menschen.

Die Ernährung der Nicht-Unterscheidung

Menschliches Leben wird nicht durch eigene Kraft erhalten. Die Natur gebiert Menschen und hält sie am Leben. Das ist die Beziehung, in der die Menschen zur Natur stehen. Nahrung ist ein Geschenk des Himmels. Menschen erzeugen keine Nahrungsmittel aus der Natur, der Himmel schenkt sie ihnen.

Nahrung ist Nahrung, und Nahrung ist nicht Nahrung. Sie ist ein Teil des Menschen, und sie ist etwas anderes. Wenn Nahrung, Körper, Herz und Verstand vollkommen mit der Natur vereint sind, wird eine natürliche Ernährung möglich. Der Körper, wie er ist, ist

113

frei, er folgt seinem eigenen Instinkt, er ißt, was gut schmeckt und läßt stehen, was nicht schmeckt.

Es ist unmöglich, Regeln und Maßstäbe für eine natürliche Ernährung aufzustellen. (Ein genaues System, mit dem man diese Fragen bewußt entscheiden kann, gibt es nicht. Die Natur oder der Körper selbst dienen als kundige Führer. Aber diese feine Führung bleibt von den meisten Leuten wegen des Lärms, der vom Verlangen und der Aktivität des unterscheidenden Verstandes verursacht wird, ungehört.) Diese Ernährung definiert sich selbst, gemäß der Umgebung, der unterschiedlichen Bedürfnisse und der körperlichen Konstitution eines jeden.

Die Prinzipienernährung

Jeder sollte sich bewußt sein, daß Natur immer vollständig ist, ausgewogen in vollkommener Harmonie mit sich selbst. Natürliche Nahrung ist ganz, und innerhalb des Ganzen sind Nährstoffe und Geschmack. Es scheint so, daß Leute den Ursprung des Universums und die Transformationen der Natur erklären können, indem sie das System von Yin und Yang anwenden. Es mag auch so aussehen, daß die Harmonie des menschlichen Körpers bestimmt und bewußt erhalten werden kann. Wenn man sich aber zu sehr mit den Lehrsätzen befaßt (wie es zum Studium östlicher Medizin notwendig ist), betritt man das Gebiet der Wissenschaft und ist wieder in der unterscheidenden Wahrnehmung gefangen.

Von den Spitzfindigkeiten menschlichen Wissens mitgerissen und ohne dessen Grenzen zu erkennen, beschäftigt sich derjenige, der die Prinzipienernährung praktiziert nur mit einzelnen Objekten. Wer aber versucht, den Sinn der Natur durch eine umfangreiche und weitreichende Vision zu begreifen, der kann die kleinen Dinge, die zu seinen Füßen geschehen, nicht sehen.

Die typische Kost eines Kranken

Krankheit tritt auf, wenn Leute sich von der Natur entfernen. Die Schwere der Krankheit steht in direktem Verhältnis zum Grad der Abtrennung. Kehrt eine kranke Person in eine gesunde Umwelt zurück, verschwindet die Krankheit oft. Wenn die Entfremdung von der Natur extrem wird, steigt die Zahl kranker Menschen. Dann wird das Verlangen, zur Natur zurückzukehren, stärker. Aber im *Trachten* nach Rückkehr zur Natur gibt es kein klares Verständnis davon, was Natur ist, daher wird der Versuch fehlschlagen.

114

Sogar wenn jemand in den Bergen zurückgezogen ein einfaches Leben führt, kann es noch mißlingen, das wahre Ziel zu erfassen. Wenn man etwas zu tun *versucht*, führen die Bemühungen niemals zum gewünschten Ergebnis.

Die Leute in den Städten sehen sich bei dem Versuch, zu einer natürlichen Ernährung zu gelangen, ungeheuren Schwierigkeiten gegenüber. Natürliche Nahrung ist einfach nicht erhältlich, weil die Bauern aufgehört haben, sie anzubauen. Sogar wenn sie natürliche Nahrung kaufen könnten, müßten ihre Körper erst daran gewöhnt werden, solch gesunde Kost zu verdauen.

In einer solchen Situation müßte man schon übernatürliche Fähigkeiten besitzen, wollte man nur gesunde Gerichte essen oder zu einer ausgeglichenen Yin-Yang-Ernährung gelangen. Weit entfernt von einer Rückkehr zur Natur entsteht eine komplizierte, fremde Art „natürlicher" Ernährung, und der Einzelne wird nur noch weiter von der Natur entfernt.

Geht man heute in einen „Naturkost"-Laden, findet man eine verwirrende Auswahl an frischen Nahrungsmitteln, abgepackten Produkten, Vitaminen und Kostzusätzen. In der Literatur werden viele verschiedene Kostformen als „natürlich", nahrhaft und als das Beste für die Gesundheit präsentiert. Wenn jemand sagt, es sei gesund, Nahrungsmittel zusammen zu kochen, gibt es jemand anderen, der sagt, solche Nahrung führe zu Krankheit. Einige betonen die Notwendigkeit von Salz in der Ernährung, andere sagen, zuviel Salz verursache Krankheiten. Wenn es jemanden gibt, der Obst als Yin und „Affennahrung" meidet, gibt es jemand anderes, der sagt, Früchte und Gemüse seien die allerbesten Nahrungsmittel für ein langes Leben und ein frohes Gemüt.

Zu unterschiedlichen Zeiten und unter verschiedenen Umständen können alle diese Meinungen richtig sein, und so werden die Leute verwirrt. Oder vielmehr, bei jemanden, der schon verwirrt ist, schaffen all diese Theorien noch größere Verwirrung.

Natur ist in fortwährendem Übergang begriffen, sie verändert sich von Augenblick zu Augenblick. Menschen können die wahre Erscheinung der Natur nicht erfassen. Das Gesicht der Natur ist unergründlich. Der Versuch, das Unergründliche in Theorien und Doktrinen zu erfassen, ist wie der Versuch, den Wind in einem Schmetterlingsnetz zu fangen.

Trifft man beim falschen Ziel ins Schwarze, hat man es ganz verfehlt.

Die Menschheit ist wie ein blinder Mann, der nicht weiß, wohin er geht. Er stochert mit dem Stock des wissenschaftlichen Wissens herum und ist von Yin und Yang abhängig, um seine Richtung zu wählen.

Was ich sagen möchte, ist, eßt nicht mit Eurem Kopf, das heißt, befreit Euch vom unterscheidenden Verstand. Ich hoffe, daß das Nahrungs-Mandala, daß ich gezeichnet habe, Euch als Wegweiser dienen wird, der auf einen Blick die Beziehungen verschiedener Nahrungsmittel zueinander und zum Menschen aufzeigt. Man kann es aber auch fortwerfen, nachdem man es einmal gesehen hat.

Der erste Schritt ist, Sensibilität zu entwickeln, um dem Körper zu erlauben, seine Nahrung selbst auszuwählen. Nur über die Nahrungsmittel an sich nachzudenken und den Geist außer Acht zu lassen, ist wie den Tempel zu besuchen, die Sutras lesen und Buddha draußen zu lassen. Statt philosophische Theorien zu studieren, um zu einem Verständnis von Nahrung zu gelangen, ist es besser, aus der täglichen Kost heraus zu einer Theorie zu kommen.

Ärzte kümmern sich um kranke Leute - gesunde Leute werden von der Natur umsorgt. Anstatt krank zu werden und sich dann in eine natürliche Ernährung zu vertiefen, um gesund zu werden, sollte man in einer natürlichen Umwelt leben, so daß Krankheit gar nicht erst auftritt.

Die jungen Leute, die hierher kommen, um in den Hütten am Berg zu bleiben und ein natürliches Leben zu führen, natürliche Nahrungsmittel zu essen und natürliche Landwirtschaft zu betreiben, sind sich des eigentlichen Ziels des Menschseins bewußt. Sie haben sich aufgemacht, um damit auf die direkteste Weise im Einklang zu leben.

Nahrung und Landwirtschaft

Dieses Buch über natürliche Landwirtschaft enthält notwendigerweise Überlegungen zu natürlicher Nahrung. Dies muß so sein, weil Nahrung und Landwirtschaft Vorder- und Rückseite ein und derselben Sache sind. Es ist sonnenklar, daß natürliche Nahrung nicht verfügbar ist, wenn keine natürliche Landwirtschaft betrieben wird. Wenn aber natürliche Ernährung nicht üblich ist, wissen die

Bauern nicht, was sie anbauen sollen. Solange die Menschen sich der Natur verschließen, kann es weder natürliche Landwirtschaft, noch natürliche Nahrung geben. In einer der Hütten am Berg hinterließ ich - eingeritzt in eine Kiefernholztafel über der Feuerstelle - die Worte „Richtige Nahrung, Richtige Handlung, Richtiges Bewußtsein" (dieses Motto entspricht dem buddhistischen achtfachen Pfad der spirituellen Verwirklichung). Die drei können nicht voneinander getrennt werden. Wenn eines fehlt, kann keines verwirklicht werden. Wenn eines verwirklicht wird, sind alle verwirklicht.

Die Menschen sehen die Welt selbstgefällig als einen Ort an, wo aus Unruhe und Verwirrung „Fortschritt" erwächst. Aber zwecklose und zerstörerische Entwicklung erzeugt Verwirrung im Denken und bewirkt nichts weniger als die Degeneration und den Zusammenbruch des Menschengeschlechts. Wenn nicht klar verstanden wird, was der sich nicht bewegende Quell all dieser Aktivität ist - was Natur ist - ist es unmöglich, unsere Gesundheit wiederzugewinnen.

Kapitel V

Ein Narr ahmt den Klugen nach

Die Herbstnächte sind lang und kühl. Blickt man in die glühenden Kohlen, legt die Hände um eine Tasse warmen Tee, so ist die Zeit gut verbracht. Es heißt, daß man gut über alles reden kann, wenn man am Feuer sitzt, also mache ich gelegentlich den Groll meiner Mitbauern zum Thema. Es sieht aber so aus, als werde es einige Probleme geben.

Hier stehe ich nun und sage immer wieder, wie unbedeutend doch alles ist, daß die Menschheit unwissend ist, daß nichts erstrebenswert und alles vergebliche Mühe ist. Wie kann ich das sagen und gleichzeitig so weiterschwatzen? Wenn ich mich selbst dazu dränge, etwas zu schreiben, muß nur geschrieben werden, daß Schreiben nutzlos ist. Es ist sehr verwirrend.

Ich will mich nicht über meine Vergangenheit auslassen und bin auch nicht weise genug, um die Zukunft vorherzusagen. Ich stochere im Feuer und rede über alltägliche Dinge - wie kann ich jemand bitten, die dummen Bemerkungen eines alten Bauern zu ertragen?

Auf der Anhöhe des Obstgartens stehen mehrere kleine, lehmgestrichene Hütten. Dort hat sich eine Handvoll Leute zusammengefunden, die ein einfaches Leben leben. Es gibt keine modernen Annehmlichkeiten. Ihre friedvollen Abende verbringen sie bei Kerzen- und Lampenlicht, und sie führen ein Leben der einfachen Bedürfnisse: brauner Reis, Gemüse, ein Gewand und eine Schale. Sie kommen von irgendwoher, bleiben eine Weile und gehen wieder.

Unter den Gästen sind Agrarforscher, Studenten, Schüler, Hippies, Dichter und Wanderer, Junge und Alte, Männer und Frauen unterschiedlichen Charakters und verschiedener Nationalität. Die meisten derjenigen, die länger bleiben, sind jung und haben das Bedürfnis nach einer Zeit der Selbsterkenntnis.

Meine Funktion ist es, Hauswirt dieses Gasthauses am Weg zu sein und den Reisenden, die kommen und gehen, Tee zu servieren. Sie helfen auf den Feldern, und ich genieße es, zuzuhören, was in der Welt geschieht.

Das hört sich nett an, tatsächlich ist es aber kein so sanftes und leichtes Leben. Ich befürworte „Nichts-Tun"-Landwirtschaft, deshalb kommen viele Leute und denken, sie finden ein Utopia, wo man leben kann, ohne jemals aus dem Bett aufzustehen. Diesen Leuten steht eine große Überraschung bevor. Im frühen Morgennebel Wasser von der Quelle tragen, Brennholz spalten, bis die Hände rot sind und von Blasen schmerzen, knöcheltief im Schlamm arbeiten - es gibt viele, die schnell aufgeben. Als ich heute eine Gruppe junger Leute beim Bau einer kleinen Hütte beobachtete, kam eine junge Frau aus Funabishi heraufgewandert.

Als ich fragte, warum sie gekommen sei, sagte sie: „Ich bin einfach gekommen, das ist alles. Sonst weiß ich gar nichts."

Eine gescheite junge Dame, unbekümmert und geistesgegenwärtig. Ich fragte sie dann: „Wenn Sie wissen, daß Sie nicht erleuchtet sind, dann gibt es nichts zu sagen, stimmt's? Wenn die Welt durch die Kraft der Unterscheidung verstanden wird, verliert man ihre Bedeutung aus den Augen. Ist das nicht der Grund, warum die Welt in einem Dilemma steckt?"

Sie antwortete sanft: „Ja, wenn Sie meinen." „Vielleicht haben Sie keine klare Vorstellung davon, was Erleuchtung ist. Welche Bücher haben Sie vorher gelesen?" Sie schüttelte ablehnend den Kopf, lesen, nein. Die Leute studieren, weil sie denken, daß sie nicht verstehen, aber Studieren trägt nicht zum Verstehen bei. Sie studieren schwer, nur um am Ende herauszufinden, daß die Menschen gar nichts wissen können, daß Verstehen jenseits menschlicher Fassungskraft liegt. Die Leute denken, daß der Begriff „Nicht-Verstehen" bedeutet, wenn man zum Beispiel sagt, daß man neun Dinge versteht, es aber ein Ding gibt, das man nicht versteht. Wenn man aber meint, zehn Dinge zu verstehen, versteht man tatsächlich nicht einmal eines. Wenn man hundert Blumen kennt, „kennt" man keine einzige. Die Menschen kämpfen schwer, um zu verstehen, überzeugen sich selbst, daß sie verstehen und sterben unwissend.

Die jungen Leute machten eine Pause bei ihrer Zimmerei, setzten sich ins Gras bei einem hohen Mandarinen-Baum und schauten hinauf zu den flockigen Wolken am südlichen Himmel. Die Menschen denken, wenn sie ihre Augen von der Erde in die Höhe richten, erblicken sie den Himmel. Sie trennen die Orangenfrucht von den grünen Blättern und sagen, sie kennen das Grün der Blätter und das Orange der Früchte. Aber sobald man einen Unterschied zwischen Grün und Orange macht, verschwinden die wahren Farben.

Die Leute meinen, sie verstehen Dinge, weil sie ihnen vertraut sind. Das ist nur oberflächliches Wissen. Es ist das Wissen des Astronomen, der die Namen der Sterne, des Botanikers, der die Einteilung der Blätter und Blumen, und des Künstlers, der die Ästhetik von Grün und Rot kennt. Es ist nicht die Kenntnis der Natur selbst - Erde und Himmel, Grün und Rot. Astronomen, Botaniker und Künstler haben nicht mehr getan, als Eindrücke zu erhaschen und sie zu interpretieren. Jeder innerhalb des Schädeldachs seines eigenen Verstandes. Je mehr sie in die Aktivitäten des Intellekts verwickelt werden, desto mehr trennen sie sich selbst ab und desto schwieriger wird es, natürlich zu leben.

Die Tragödie ist, daß die Leute in ihrer grundlosen Arroganz versuchen, die Natur ihrem Willen zu unterwerfen. Menschen können natürliche Formen zerstören, aber sie können sie nicht erschaffen. Unterscheidung, ein bruchstückhaftes und unvollständiges Verständnis bildet immer den Ausgangspunkt menschlichen Wissens. Unfähig, die Gesamtheit der Natur zu kennen, können Menschen nicht mehr tun, als ein unvollständiges Modell davon zu konstruieren und sich dann selbst mit der Vorstellung zu betrügen, daß sie etwas Natürliches geschaffen haben.

Alles was jemand zu tun hat, um die Natur zu kennen, ist zu erkennen, daß er nichts wirklich weiß, daß er unfähig ist, etwas zu wissen. Dann wird er das Interesse am unterscheidenden Wissen verlieren. Wenn er das unterscheidende Wissen aufgibt, entsteht aus ihm heraus nicht-unterscheidendes Wissen. Wenn er nicht versucht über Wissen nachzudenken, wenn er sich nicht um Verstehen kümmert, wird der Tag kommen, an dem er verstehen wird. Es gibt keinen anderen Weg als durch die Zerstörung des Egos, als dadurch, den Gedanken von sich zu werfen, daß die Menschen getrennt von Himmel und Erde existieren.

„Das bedeutet dumm statt schlau zu sein", fuhr ich einen jungen Burschen an, der einen weisen, selbstzufriedenen Gesichtsausdruck hatte. „Was für ein Ausdruck ist das in Deinen Augen? Dummheit tritt oft als Weisheit auf. Weißt Du genau, ob Du dumm oder schlau bist, oder versuchst Du ein dümmlicher schlauer Bursche zu werden? Du kannst nicht schlau werden, kannst nicht dumm werden, Du hast Dich festgefahren. Ist es nicht der Punkt, an dem Du dich gerade befindest?"

Bevor ich es merkte, war ich wütend über mich, wegen der dauernden Wiederholung der gleichen Worte. Worte, die niemals der Weisheit der Stille entsprechen können, Worte, die ich selbst nicht verstehen konnte.

Die Herbstsonne sank tief am Horizont. Dämmerfarben erreichten den Fuß des alten Baumes. Das Licht vom Binnenmeer im Rücken kehrten die jungen Leute langsam zu den Hütten zum Abendessen zurück. Ich folgte still im Schatten.

Wer ist der Narr?

Es heißt, daß kein Geschöpf weiser als der Mensch ist. In Anwendung dieser Weisheit sind Menschen nun die einzigen Tiere, die einen Nuklearkrieg führen können.

Neulich kam der Besitzer des Naturkostladens am Bahnhof von Osaka den Berg heraufgeklettert und brachte sieben Begleiter mit, wie die sieben Götter des Glücks. Mittags, als wir einen improvisierten Reiseintopf aßen, erzählte einer von ihnen folgendes: „Unter Kindern gibt es immer eins, das sich um nichts in der Welt sorgt, das glücklich lacht, während es pinkelt, ein anderes, das beim „Pferd-und-Reiter-Spiel" immer als Pferd endet und ein drittes, das die anderen clever um ihren Nachmittagsimbiß betrügt. Bevor der Klassensprecher gewählt wird, spricht der Lehrer ernsthaft über die wünschenswerten Qualitäten eines guten Führers und über die Bedeutung, eine weise Entscheidung zu fällen. Am Ende fällt die Wahl auf den Jungen, der glücklich lachend am Straßenrand steht."

Jeder amüsierte sich, aber ich konnte nicht verstehen, warum sie lachten. Ich dachte, das sei doch nur natürlich. Wer die Welt in Begriffen von Gewinn und Verlust sieht, muß das Kind als Verlierer betrachten, das immer die Rolle des Pferdes spielen muß, aber Größe oder Mittelmäßigkeit passen nicht zu Kindern. Der Lehrer dachte, das schlaue Kind sei das Bemerkenswerte, aber die anderen Kindern fanden es auf die falsche Weise schlau, empfanden es als jemanden, der andere unterdrücken würde.

Zu denken, daß der eine, der schlau ist und auf sich selbst achtgeben kann, außergewöhnlich ist, und daß es besser ist, außergewöhnlich zu sein, heißt „Erwachsenen-Werten" zu folgen. Derjenige, der seinen eigenen Beschäftigungen nachgeht, der gut ißt und schläft, derjenige, der sich keine Sorgen macht, lebt doch am befriedigendsten. Es gibt keinen Größeren als den, der nicht versucht, etwas zu vollbringen.

In Äsops Fabel baten die Frösche Gott um einen König, und er gab ihnen einen Klotz. Die Frösche machten sich über den Klotz lustig, und als sie Gott um einen größeren König baten, schickte er ihnen einen Kranich. Wie die Geschichte erzählt, fraß dieser alle Frösche.

Wenn der eine, der ganz vorne steht, bedeutend ist, müssen die anderen, die nachfolgen, kämpfen und sich anstrengen. Stellt man einen normalen Burschen an die Spitze, haben es die anderen leicht. Die Leute denken, daß jemand, der stark und klug ist, auch heraus-

ragend ist, und dann wählen sie einen Premierminister, der das Land
wie eine Diesellok zieht. „Was für eine Person sollte Premierminister werden?" „Ein Klotz," antwortete ich. „Es gibt keinen besseren
als *daruma-san* (ein beliebtes japanisches Kinderspielzeug, ein
großer Ballon, in Form eines Mönches im Meditationssitz, der am
Boden beschwert ist). Er ist ein solch entspannter Bursche, er kann
Jahre lang meditieren, ohne ein Wort zu sagen. Gibt man ihm einen
Schubs, rollt er herum, aber mit der Beständigkeit des Nicht-Wider-
stands sitzt er immer wieder aufrecht. Daruma-san sitzt nicht einfach faul herum und hat seine Hände und Füße gefaltet. Er weiß,
daß man sie gefaltet halten sollte. Er blickt finster und still auf die
Leute, die ihre ausstrecken wollen."

„Würde man überhaupt nichts tun, könnte die Welt sich nicht
weiterdrehen. Was wäre die Welt ohne Entwicklung?"

„Warum muß man sich entwickeln? Wenn das Wirtschafts-
wachstum von fünf auf zehn steigt, verdoppelt sich dann meine
Freude? Was ist an einer Wachstumsrate von null falsch? Ist das
nicht eine recht stabile Art der Wirtschaft? Könnte es etwas Besseres geben als einfach zu leben und die Dinge leicht zu nehmen?"

Die Leute finden etwas heraus, lernen wie es funktioniert und benutzen die Natur. Sie denken, das sei zum Wohl des Menschengeschlechts. Das Resultat all dessen ist bis heute, daß der Planet
verschmutzt und die Leute verwirrt worden sind und wir das Chaos
moderner Zeiten verwirklicht haben.

Auf diesem Hof praktizieren wir „Nichts-Tun"-Landwirtschaft
und essen gesunde, köstliche Getreide, Gemüse und Zitrusfrüchte.
Es liegt Sinn und Befriedigung darin, einfach nahe an der Quelle
aller Dinge zu leben. Leben ist Gesang und Dichtung.

Der Bauer bekam zu viel Arbeit, als die Leute anfingen, die Welt
zu erforschen und beschlossen, daß es „gut" sei, dies oder das zu
tun. All meine Forschung ging in die Richtung, dies oder jenes *nicht*
zu tun. Diese 30 Jahre haben mich gelehrt, daß Bauern besser dran
wären, würden sie fast überhaupt nichts tun. Je mehr Menschen tun,
desto mehr entwickelt sich die Gesellschaft und desto mehr Probleme entstehen. Die wachsende Verwüstung der Natur, die Erschöpfung der Rohstoffe, die Unruhe und Zerstörung des menschlichen Geistes, alles ist zuwege gebracht worden durch den Versuch
der Menschheit, etwas zu vollbringen. Ursprünglich gab es keinen
Grund für Fortschritt und nichts, das hätte getan werden müssen.
Wir sind an einem Punkt angekommen, wo es keinen anderen Weg
gibt, als eine „Bewegung" zu gründen, die nichts zustande bringen
will.

Geboren, um in den Kindergarten zu gehen

Ein junger Mann mit einem Beutel über der Schulter kam gemächlich auf uns zu, als wir auf den Feldern arbeiteten. „Wo kommen Sie her?" fragte ich. „Von da drüben." „Wie kamen Sie hierher?" „Zu Fuß." „Wozu sind Sie hergekommen?" „Ich weiß nicht."

Die meisten, die hierher kommen, haben es nicht eilig, ihren Namen oder ihre Vergangenheit zu offenbaren. Auch über ihre Ziele äußern sie sich nicht klar. Da viele wirklich nicht wissen, warum sie kommen, ist das kein Wunder.

Zu Anfang weiß ein Mensch nicht, woher er kommt und wohin er gehen wird. Zu sagen, man ist aus dem Leib der Mutter gekommen und kehrt zur Erde zurück, ist eine biologische Erklärung. Aber niemand weiß, was vor der Geburt existierte oder was für eine Welt uns nach dem Tode erwartet. Geboren zu werden, ohne zu wissen, warum, nur um dann die Augen zu schließen und in das unendliche Unbekannte zu entschlafen - der Mensch ist in der Tat eine tragische Kreatur.

Ich fand einmal einen geflochtenen Schilfhut, der von einer Pilgergruppe, die den Tempel von Shikoku besucht hatte, zurückgelassen worden war. Auf ihm standen die Worte: „Ursprünglich kein Ost oder West / Zehn unterschiedliche Richtungen." Diesen Hut hielt ich jetzt in meinen Händen, und ich fragte den jungen Mann wieder, woher er gekommen sei, und er sagte, er sei der Sohn eines Priesters in Kanazawa, und da es pure Dummheit sei, das ganze Leben lang jeden Tag in den Schriften zu lesen, wolle er Bauer werden.

Es gibt keinen Osten oder Westen. Die Sonne geht im Osten auf und im Westen unter. Aber das ist lediglich eine astronomische Beobachtung. Zu wissen, daß man weder Ost noch West versteht, kommt der Wahrheit näher. Tatsächlich weiß niemand, woher die Sonne kommt.

Unter den zehntausenden heiliger Schriften ist es das Herz-Sutra, für das man am dankbarsten sein muß, weil dort alle wichtigen Punkte behandelt sind. Laut diesem Sutra erklärte Buddha: „Form ist Leere, Leere ist Form. Materie und Geist sind eins, aber alles ist leer. Der Mensch lebt nicht, ist nicht tot, ist ungeboren und unsterblich, ohne Alter und Krankheit, ohne Mehrung und ohne Minderung."

Eines Tages, als wir den Reis ernteten, sagte ich zu den jungen Leuten, die an einen großen Strohhaufen gelehnt ausruhten: „Ich dachte, daß Reis, wenn er im Frühling gepflanzt wird, lebendige Sprossen treibt und daß er jetzt, wo wir ihn ernten, zu sterben scheint. Die Tatsache, daß sich dieses Ritual jedes Jahr wiederholt, bedeutet, daß das Leben auf diesem Feld fortdauert und daß der alljährliche Tod selbst alljährliche Geburt ist. Der Reis, den wir heute schneiden, lebt immer weiter."

Normalerweise sehen Menschen Leben und Tod aus einer sehr begrenzten Perspektive. Welchen Sinn hat die Geburt des Frühlings und der Tod des Herbstes für dieses Gras? Die Leute denken, Leben ist Freude und Tod ist Trauer, aber das Reiskorn, das in der Erde liegt und im Frühling sprießt, dessen Blätter und Stiele im Herbst welken, enthält noch in seinem winzigen Kern die volle Freude des Lebens. Die Freude des Lebens stirbt nicht mit dem Tod. Der Tod ist nur ein flüchtiger Übergang. Ist es denn nicht so, daß dieser Reis, weil er die volle Freude des Lebens besitzt, die Trauer des Todes nicht kennt?

Was Reis und Gerste widerfährt, geschieht fortwährend im menschlichen Körper. Tag für Tag wachsen Haare und Nägel, zehntausende Zellen sterben, zehntausende werden geboren. Das Blut im Körper heute ist nicht das gleiche wie vor einem Monat. Wenn man meint, daß die eigenen Charaktereigenschaften in den Körpern der Kinder und Enkelkinder fortleben, dann kann man sagen, daß man jeden Tag stirbt und wiedergeboren wird und doch viele Generationen nach dem Tode weiterlebt.

Wenn die Teilhabe an diesem Kreislauf jeden Tag erfahren und ausgekostet werden kann, braucht man nichts sonst. Aber die meisten Leute sind nicht in der Lage, das Leben so zu genießen, wie es Tag für Tag vorübergeht und sich verändert. Sie klammern sich ans Leben, wie sie es schon erfahren haben, und dieses Verhaftetsein schafft Angst vor dem Tod. Sie schenken nur der Vergangenheit, die schon vorbei ist, ihre Aufmerksamkeit, oder der Zukunft, die noch kommen soll, und vergessen, daß sie Hier und Jetzt auf der Erde leben. Verwirrt ringend sehen sie ihr Leben wie in einem Traum vorübergehen.

„Wenn Leben und Tod Realität sind, ist menschliches Leid dann nicht unvermeidlich?"

„Es gibt kein Leben oder Tod."

„Wie können Sie das sagen?"

Die Welt selbst ist eine Einheit aus Materie im Fluß der Erfahrung, aber der menschliche Verstand teilt Erscheinungen in Dualitäten wie Leben und Tod, Yin und Yang, Sein und Leere. Der Verstand lehrt, an die absolute Gültigkeit dessen zu glauben, was die Sinne wahrnehmen und dann verwandelt sich die Materie, wie sie ist, zum ersten Mal in Dinge, wie die Menschen sie normalerweise wahrnehmen.

Die Formen der materiellen Welt, Vorstellungen von Leben und Tod, Gesundheit und Krankheit, Freude und Leid, alle entstehen sie im menschlichen Verstand. Als Buddha in dem Sutra sagte, daß alles leer ist, negierte er nicht nur die innere Realität von allem, was vom menschlichen Intellekt konstruiert wurde, sondern er erklärte, daß auch menschliche Gefühle Illusionen sind.

„Sie meinen, *alles* ist Illusion? Bleibt nichts übrig?“

„Nichts übrig? Die Vorstellung von „leer“ ist offenbar noch in Deinem Verstand verhaftet“, sagte ich zu dem Jungen. „Wenn Du nicht weißt, woher Du gekommen bist und wohin Du gehen wirst, wie kannst Du dann sicher sein, daß Du hier bist und vor mir stehst? Ist Existenz bedeutungslos?“

„.........“

An einem Morgen hörte ich ein vierjähriges Mädchen seine Mutter fragen: „Warum bin ich in diese Welt geboren worden? Um in den Kindergarten zu gehen?“

Natürlich konnte ihre Mutter nicht ehrlich sagen: „Ja, das ist richtig, nun aber los mit Dir.“ Und dennoch könnte man sagen, *daß* die Menschen heute geboren werden, um in den Kindergarten zu gehen.

In ihrer ganzen Schulzeit lernen die Menschen fleißig, um herauszubekommen, warum sie geboren wurden. Gelehrte und Philosophen sagen, auch wenn sie ihr Leben damit ruinieren, sie wären zufrieden, wenn sie nur diese Sache verstünden.

Ursprünglich hatten Menschen keine Bestimmung, keine Aufgabe. Heute erfinden sie sich einen Zweck und quälen sich damit, den Sinn des Lebens zu finden. Es ist ein Ein-Mann-Ringkampf. Es gibt keine Aufgabe, über die man nachdenken oder nach der man suchen muß. Man täte gut daran, die Kinder zu fragen, ob ein Leben ohne Zweck sinnlos ist oder nicht.

Vom Zeitpunkt an, wo man in den Kindergarten geht, beginnen die Qualen. Der Mensch war eine glückliche Kreatur, aber er schuf eine harte Welt und jetzt kämpft er, um daraus auszubrechen.

In der Natur gibt es Leben und Tod, und die Natur ist voller Freude.

In der menschlichen Gesellschaft gibt es Leben und Tod, und die Menschen leben in Trauer.

Treibende Wolken und die Illusion der Wissenschaft

Heute morgen reinige ich Zitrusfrüchtekisten am Fluß. Wenn ich mich auf einen flachen Fels stütze, fühlen meine Hände die Kühle des herbstlichen Flusses. Die roten Blätter der Sumach am Ufer heben sich gegen den klaren blauen Herbsthimmel ab. Ich bin wunderbar berührt von der unerwarteten Pracht der Äste, die gen Himmel ragen.

In dieser zufälligen Szene ist die gesamte Welt der Erfahrung gegenwärtig. Fließendes Wasser, der Fluß der Zeit, das linke und das rechte Ufer, Sonnenschein und Schatten, rote Blätter und blauer Himmel - alle kommen im heiligen, stillen Buch der Natur vor. Und der Mensch ist ein schwankendes, denkendes Schilfrohr.

Sobald er fragt, was Natur ist, muß er fragen, was dieses „was" ist, und was dieser Mensch ist, der fragt, was dieses „was" ist. Das heißt, er gerät in eine Welt endlosen Fragens.

Im Versuch, ein klares Verständnis davon zu erlangen, was es ist, das ihn mit Verwunderung erfüllt, was es ist, das ihn erstaunt, gibt es zwei mögliche Wege. Der erste ist, tief in sich selbst hineinzuschauen, in denjenigen, der die Frage stellt: „Was ist Natur?"

Der zweite ist, die Natur getrennt vom Menschen zu untersuchen. Der erste Pfad führt ins Reich der Philosophie und Religion. Wenn man gedankenleer schaut, ist es nicht unnatürlich, das Wasser von oben nach unten fließen zu sehen, aber es liegt auch kein Widerspruch darin, wenn man das Wasser stillstehen und die Brücke vorbeifließen sieht.

Folgt man hingegen dem zweiten Pfad, wird das Bild in eine Vielzahl verschiedener Erscheinungen zergliedert, das Wasser, die Geschwindigkeit des Flusses, die Wellen, der Wind und die weißen Wolken - sie alle werden gesondert zu Objekten der Erforschung,

127

führen zu weiteren Fragen, die sich endlos in alle Richtungen ausdehnen. Das ist der Pfad der Wissenschaft.

Früher war die Welt einfach. Man merkte nur beiläufig, daß man von den Tautropfen naß wurde, wenn man durch eine Wiese schlenderte. Aber von der Zeit an, als die Menschen versuchten, diesen Tautropfen wissenschaftlich zu erklären, verfingen sie sich in der endlosen Hölle des Intellekts.

Wassermoleküle bestehen aus Wasserstoff- und Sauerstoffatomen. Einst dachte man, daß Atome die kleinsten Teilchen in der Welt seien, aber dann fand man heraus, daß sich innerhalb des Atoms noch ein Kern befindet. Nun hat man entdeckt, daß sogar innerhalb des Kerns noch kleinere Partikel sind. Von diesen Nuklearteilchen gibt es hunderte verschiedene Arten, und niemand weiß, wo die Erforschung dieser winzigen Welt enden wird.

Es wird gesagt, daß der Weg, den die Elektronen bei ultrahoher Geschwindigkeit innerhalb des Atoms zurücklegen, genauso ist wie der Kometenflug innerhalb der Galaxis. Für den Atomphysiker ist die Welt der Elementarteilchen eine Welt, so unermeßlich wie das Universum selbst. Und doch hat es sich herausgestellt, daß es neben der Galaxis, in der wir leben, noch zahlreiche andere Galaxien gibt. In den Augen des Kosmologen wird unsere gesamte Galaxis folglich unendlich klein.

Tatsache ist, daß diejenigen, die meinen, ein Wassertropfen sei einfach und ein Felsen starr und unbeweglich, glückliche, unwissende Narren sind, und daß die Wissenschaftler, die wissen, daß der Wassertropfen ein großes Universum und der Felsen eine aktive Welt aus Elementarteilchen ist, die wie Raketen herumschießen, kluge Narren sind. Einfach betrachtet ist diese Welt real und nahe. Komplex gesehen wird die Welt beängstigend abstrakt und fern.

Die Wissenschaftler, die frohlockten, als Gestein vom Mond mitgebracht wurde, haben weniger vom Mond begriffen, als die Kinder, wenn sie singen: „Wie alt bist du, Herr Mond?" Basho (ein berühmter japanischer *haiku*-Dichter - 1644-1694) konnte das Wunder der Natur erfassen, indem er die Reflektion des Vollmondes in der Ruhe eines Teiches betrachtete. Alles, was die Wissenschaftler taten, als sie in den Weltraum hinausgingen und in ihren Raumschiffen herumfuhren, war, ein wenig von dem Glanz des Mondes für Millionen Liebende und Kinder auf der Welt zu trüben.

Wie kommt es, daß die Menschen denken, Wissenschaft sei nutzbringend für die Menschheit?

Ursprünglich wurde hier im Dorf das Korn mit einer Steinmühle, die langsam von Hand gedreht wurde, zu Mehl gemahlen. Dann

128

wurde eine Wassermühle gebaut, die unvergleichlich mehr Kraft hatte als das alte Steinmahlwerk und die Kraft des Flusses nutzbar machen sollte. Vor etlichen Jahren wurde ein Damm konstruiert, um Elektrizität aus Wasserkraft zu produzieren, und es wurde eine elektrisch betriebene Mühle gebaut.

Wie arbeitet wohl nun diese moderne Maschinerie zum Wohle des Menschen? Um Reis zu Mehl zu mahlen, wird er zuerst poliert, also zu weißem Reis verarbeitet. Das heißt, das Getreide wird geschält, Keim und Kleie, die die Grundlage einer guten Gesundheit sind, werden entfernt, und die Überreste werden zurückbehalten. (Im Japanischen sind die Symbole für „Überreste" - *kasu* ausgesprochen - von Stammsymbolen gebildet, die „weiß" und „Reis" bedeuten. Die Symbole für „Kleie" - *nuka* - sind aus „Reis" und „Gesundheit" zusammengesetzt.) Und so ist das Resultat dieser Technologie die Zerteilung des vollen Korns in unvollständige Nebenprodukte. Wird der zu leicht verdauliche weiße Reis zum täglichen Hauptnahrungsmittel, mangelt es der Ernährung an Nährstoffen, Ergänzungsstoffe werden notwendig. Das Wasserrad und die Mühlenfabrik übernehmen die Arbeit des Magens und der Därme, was bewirkt, daß diese Organe faul werden.

Mit Brennstoff ist es das gleiche. Rohöl bildet sich, wenn die Fasern uralter Pflanzen, die tief in der Erde lagern, unter großem Druck und Hitze umgewandelt werden. Diese Substanz wird in der Wüste ausgegraben, über Pipelines zu einem Hafen gepumpt, dann mit einem Schiff transportiert und in einer großen Raffinerie zu Kerosin und Öl verarbeitet.

Was ist schneller, wärmer und bequemer - dieses Kerosin zu verbrennen oder die Äste der Zeder oder der Kiefer, die vor dem Haus steht? (In der heutigen Zeit herrscht in großen Teilen der Welt Mangel an Brennholz. In Fukuokas Argumentation ist die Notwendigkeit von Baumpflanzungen inbegriffen. Umfassender gesagt, Fukuoka schlägt bescheidene, direkte Antworten auf die Bedürfnisse des täglichen Lebens vor.) Der Brennstoff ist die gleiche pflanzliche Materie. Öl und Kerosin brauchen nur einen längeren Weg um hierher zu gelangen.

Heute heißt es, daß die fossilen Brennstoffe nicht ausreichen und daß die Atomenergie entwickelt werden müsse. Das seltene Uranerz ausfindig zu machen, es zu radioaktivem Brennstoff zu pressen und in einem riesigen Atommeiler zu verwenden, ist nicht so leicht wie trockene Blätter mit einem Streichholz anzuzünden. Überdies läßt das Herdfeuer nur Asche zurück, aber die Reste eines Nuklearfeuers bleiben tausende von Jahren gefährlich.

Das gleiche Prinzip gilt für die Landwirtschaft. Baut man eine weiche, fette Reispflanze in einem überfluteten Feld an, so wird daraus eine Pflanze, die anfällig für Insekten- und Krankheitsbefall ist. Werden „veredelte" Samensorten verwendet, muß man sich auf die Hilfe von chemischen Insektiziden und Düngern verlassen.

Wenn man aber eine kleine, starke Pflanze in einer gesunden Umwelt anbaut, sind diese Chemikalien überflüssig.

Bearbeitet man ein überflutetes Feld mit Pflug oder Traktor, wird die Erde sauerstoffarm, die Bodenstruktur bricht zusammen, Regenwürmer und andere Tiere werden vernichtet, und der Boden wird hart und leblos. Sobald das geschehen ist, muß das Feld jedes Jahr gepflügt werden.

Wenn aber eine Methode angewendet wird, mit der die Erde sich selbst auf natürliche Weise kultivieren kann, sind weder Pflug noch Bearbeitungsmaschine notwendig. Wenn die organische Materie und die Mikroorganismen aus dem lebendigen Boden entfernt wurden, wird die Verwendung schnellöslicher Dünger notwendig. Wird chemischer Dünger benutzt, wächst der Reis schnell und hoch, aber auch das Unkraut wächst so. Dann werden Herbizide eingesetzt, die von Vorteil sein sollen.

Wenn zusammen mit dem Getreide aber Klee gesät wird und Stroh und organische Rückstände als Mulch auf die Feldoberfläche zurückgeführt werden, können die Feldfrüchte ohne Herbizide, Chemiedünger oder fertigen Kompost angebaut werden.

In der Landwirtschaft gibt es wenig, was nicht aufgegeben werden könnte. Fertiger Dünger, Herbizide, Insektizide, Maschinen - alles ist unnötig. Werden aber Bedingungen geschaffen, unter denen diese Dinge gebraucht werden, ist die Macht der Wissenschaft gefragt.

Ich habe auf meinen Feldern demonstriert, daß natürlicher Anbau Ernten erzielt, die mit denen der modernen wissenschaftlichen Landwirtschaft vergleichbar sind. Wenn die Ergebnisse einer nichtaktiven Landwirtschaft mit denen der Wissenschaft vergleichbar sind - mit einem Bruchteil an investierter Arbeit und Rohstoffen - wo ist dann der Nutzen wissenschaftlicher Technologie?

Die Relativitätstheorie

Ich war erstaunt, als ich in das helle Sonnenlicht des Herbsthimmels hinausschaute und über die umliegenden Felder blickte. Auf jedem Feld - außer auf meinem - fuhr eine Reiserntemaschine oder ein Mähdrescher herum. In den letzten drei Jahren hat sich dieses Dorf unglaublich verändert.

Wie zu erwarten, sind die jungen Leute auf dem Berg angesichts der Mechanisierung nicht neidisch. Sie genießen die stille, friedliche Ernte mit der alten Handsichel.

Am Abend nach dem Essen kam mir beim Tee eine Erinnerung. Ich dachte an die alten Zeiten in diesem Dorf, als die Bauern ihre Felder von Hand bearbeiteten und ein Mann begann, eine Kuh einzuspannen. Er war sehr stolz auf die Leichtigkeit und Schnelligkeit, mit der er die mühsame Arbeit des Pflügens verrichten konnte. Vor 20 Jahren, als der erste Traktor fuhr, kamen alle Leute des Dorfes zusammen und debattierten ernst, was besser sei, die Kuh oder die Maschine. Nach zwei oder drei Jahren war klar, daß das Pflügen mit der Maschine schneller ging, und ohne über Zeitersparnis und Bequemlichkeit hinauszudenken, schafften die Bauern ihre Zugtiere ab. Der Beweggrund war allein der, die Arbeit schneller zu schaffen, als der Bauer auf dem Nachbarfeld.

Der Bauer sieht nicht, daß er nur ein Faktor in der modernen Landwirtschaftsgleichung von steigender Geschwindigkeit und Wirkungsgrad ist. Er läßt den Landmaschinenhändler alle Berechnungen für sich anstellen.

Ursprünglich schauten die Menschen in einen sternenklaren Nachthimmel und empfanden Ehrfurcht vor der Weite des Universums. Heute sind Fragen von Zeit und Raum völlig den Überlegungen der Wissenschaftler überlassen.

Es heißt, daß Einstein den Nobelpreis aus Achtung vor der Unverständlichkeit seiner Relativitätstheorie erhielt. Hätte seine Theorie die Erscheinung der Relativität in der Welt klar erklärt und so die Menschheit von den Grenzen von Zeit und Raum befreit und eine angenehmere und friedlichere Welt herbeigeführt, wäre das lobenswert gewesen. Seine Erklärung ist jedoch verwirrend, und sie brachte die Menschen dazu, zu denken, die Welt sei komplex jenseits jedes möglichen Verstehens. Stattdessen wäre besser eine Auszeichnung für „Stören des Friedens des menschlichen Geistes" verliehen worden.

In der Natur gibt es keine Welt der Relativität. Die Vorstellung relativer Erscheinungen ist eine durch den menschlichen Intellekt in Erfahrung gebrachte Struktur. Andere Tiere leben in einer Welt unzergliederter Wirklichkeit. In dem gleichen Maße, in der man in der relativen Welt des Intellekts lebt, verliert man die Zeit, die jenseits der Zeit liegt, und den Raum, der jenseits des Raumes liegt, aus den Augen.

„Ihr fragt Euch sicher, warum ich die Angewohnheit habe, ständig auf der Wissenschaft herumzuhacken," sagte ich und trank ein Schlückchen Tee. Die jungen Leute blickten lächelnd auf, ihre Gesichter glänzten und flackerten im Licht des Feuers. „Das ist so, weil die Rolle des Wissenschaftlers in der Gesellschaft der Rolle, die die Unterscheidung in Euren Köpfen spielt, entspricht."

Ein Dorf ohne Krieg und Frieden

Eine Schlange fängt mit ihrem Maul einen Frosch und entschlüpft ins Gras. Ein Mädchen schreit. Ein unerschrockener Junge zeigt seine Gefühle der Abscheu und schleudert einen Stein nach der Schlange. Die anderen lachen. Ich wende mich an den Jungen, der den Stein warf: „Was denkst Du, was Du damit erreichst?"

Der Habicht jagt die Schlange. Der Wolf greift den Habicht an. Der Mensch tötet den Wolf und erliegt später einem Tuberkulosevirus. Bakterien vermehren sich in den Überbleibseln des Menschen, und andere Tiere, Gräser und Bäume gedeihen durch die Nährstoffe, die die Aktivität der Bakterien verfügbar macht. Insekten greifen die Bäume an, der Frosch frißt die Insekten.

Tiere, Pflanzen, Mikroorganismen - alle sind Teil des Lebenszyklus. Sie erhalten ein angemessenes Gleichgewicht aufrecht und leben ein natürlich reguliertes Leben. Der Mensch hat die Wahl, er kann diese Welt entweder als ein Modell sehen, in dem die Starken die Schwachen verzehren oder als Welt der Koexistenz und des gegenseitigen Nutzens. Doch in beiden Fällen ist es eine willkürliche Interpretation, die Wind und Wellen verursacht und Unordnung und Verwirrung mit sich bringt.

Erwachsene denken, der Frosch verdiene ihr Mitgefühl. Sie empfinden Mitleid wegen seines Todes und verabscheuen die Schlange. Dieses Gefühl mag natürlich erscheinen, ja eine Selbstverständlichkeit, aber ist es das wirklich?

Ein Jugendlicher sagte: „Wenn das Leben als Wettstreit gesehen wird, in dem die Starken die Schwachen vernichten, wird die Erde zu einer Hölle des Gemetzels und der Zerstörung. Aber es ist unvermeidlich, daß die Schwachen geopfert werden, damit die Starken überleben können. Daß die Starken gewinnen und überleben und daß die Schwachen aussterben, ist ein Naturgesetz. Nach Millionen von Jahren sind die heute auf der Erde lebenden Kreaturen im Daseinskampf siegreich gewesen. Man könnte sagen, daß das Überleben des Stärkeren eine Vorsehung der Natur ist."

Ein zweiter Jugendlicher sagte: „So kommt es jedenfalls den Gewinnern vor. So wie ich es sehe, ist die Welt eine Welt der Koexistenz und des gegenseitigen Nutzens. Am Fuße des Korns auf diesem Feld leben Klee und viele andere Unkraut- und Gräserarten ihr Leben zum wechselseitigen Nutzen. Efeu rankt sich um die Bäume, Moos und Flechten leben an Baumstamm und Ästen. Farne breiten sich unter dem Dach des Waldes aus. Vögel und Frösche, Pflanzen und Insekten, kleine Tiere, Bakterien, Pilze - alle Kreaturen spielen eine wichtige Rolle und ziehen Nutzen aus der Existenz des anderen."

Ein dritter sprach: „Die Erde ist eine Welt der Starken, die die Schwachen vernichten, und auch eine der Koexistenz. Die stärkeren Kreaturen nehmen nicht mehr Nahrung als sie brauchen. Auch wenn sie andere Kreaturen angreifen, bleibt das große Gleichgewicht der Natur erhalten. Die Vorsorge der Natur ist ein strenges Gesetz, das Frieden und Ordnung auf der Erde bewahrt."

Drei Leute, drei Meinungen. Ich widersprach allen dreien.

Die Welt fragt niemals, ob sie auf dem Prinzip des Wettbewerbs oder der Zusammenarbeit basiert. Aus der relativen Perspektive des menschlichen Intellekt gesehen gibt es Starke und Schwache, es gibt klein und groß.

Nun wird niemand bezweifeln, daß diese relative Auffassung existiert. Würden wir aber annehmen, daß die Relativität der menschlichen Wahrnehmung falsch ist - zum Beispiel annehmen, daß es weder Groß, noch Klein gibt, kein Oben und Unten - falls wir sagen, daß es einen solchen Standpunkt überhaupt nicht gibt, dann würden menschliche Werte und Beurteilungen zusammenbrechen.

„Ist diese Sichtweise der Welt nicht ein eitler Gedankenflug der Einbildung? In Wirklichkeit gibt es große Länder und kleine Länder. Wenn es Armut und Überfluß gibt, Starke und Schwache, gibt es unvermeidlich auch Streit und konsequenterweise auch Gewinner und Verlierer. Könnte man nicht vielmehr sagen, daß diese relativen Wahrnehmungen und die daraus resultierenden Gefühle menschlich und daher natürlich sind, daß sie ein einzigartiges Privileg des Menschseins sind?"

Andere Tiere kämpfen, führen aber keinen Krieg. Wenn man sagt, daß Kriegführen, das von Vorstellungen von Stark und Schwach abhängt, das besondere „Privileg" der Menschheit ist, dann ist das Leben eine Farce. Von dieser Farce nicht zu wissen, daß sie eine Farce ist - darin liegt die menschliche Tragödie.

Die einzigen, die friedvoll in einer Welt ohne Widersprüche und ohne Unterscheidungen leben, sind Kinder. Sie nehmen Hell und Dunkel wahr, Stark und Schwach, fällen aber keine Urteile. Obwohl Schlange und Frosch existieren, hat das Kind kein Verständnis von Stark und Schwach. Die ursprüngliche Freude des Lebens ist da, aber die Angst vor dem Tod noch nicht.

Liebe und Haß, wie sie in Erwachsenenaugen aufsteigen, waren ursprünglich keine zwei getrennten Dinge. Sie sind die zwei Seiten einer Medaille. Liebe verleiht dem Haß Substanz. Dreht man die Münze der Liebe um, so wird sie zu Haß. Nur durch das Eindringen in eine absolute Welt ohne Bezüge ist es möglich zu verhindern, sich in der Dualität der Erscheinungswelt zu verlieren.

Die Menschen unterscheiden zwischen dem Selbst und Anderen. In gleichem Maße wie das Ego existiert, in gleichem Maße wie es einen „Anderen" gibt, werden die Menschen nicht von Liebe und Haß befreit. Das Herz, das das böse Ego liebt, erschafft den gehaßten Feind. Für Menschen ist der erste und größte Feind das eigene Selbst, das ihnen so teuer ist.

Die Menschen wählen zwischen Angriff und Verteidigung. Im anschließenden Kampf klagen sie sich gegenseitig der Anstiftung des Konfliktes an. Es ist, wie in die Hände zu klatschen und dann darüber streiten, welche Hand den Ton erzeugt, die rechte oder die linke. In jedem Streit gibt es weder Richtig noch Falsch, weder Gut noch Schlecht. Alle bewußten Unterscheidungen entstehen gleichzeitig und alle sind falsch.

Eine Festung zu bauen ist von Anfang an falsch. Auch mit der Entschuldigung, sie sei zur Verteidigung der Stadt, ist die Festung das Ergebnis der Persönlichkeit des regierenden Herrschers und übt auf die Umgebung einen Zwang aus. Der Tyrann sagt, er befürchte einen Angriff und die Befestigung diene zum Schutze der Stadt, so rüstet er sich mit Waffen und steckt den Schlüssel in die Tasche.

134

Der Akt der Verteidigung ist schon ein Angriff. Waffen zur Verteidigung leisten der Anstiftung zum Krieg Vorschub. Das Übel des Krieges resultiert aus der Stärkung und Übertreibung leerer Unterscheidungen von Selbst/Anderen, Stark/Schwach, Angriff/Verteidigung.

Es gibt nur einen Weg zum Frieden. Alle Menschen wenden sich vom Burgtor der relativen Wahrnehmung ab, gehen hinunter auf die Wiese und kehren zum Herzen der nicht-aktiven Natur zurück. Das heißt die Sichel statt des Schwertes zu schärfen.

Die Bauern von früher waren ein friedliches Volk. Aber heute streiten sie sich mit Australien um Fleisch, mit Rußland um Fisch und sind von Amerikas Weizen und Sojabohnen abhängig.

Ich habe das Gefühl, als ob wir in Japan im Schatten eines großen Baumes lebten, und bei einem Gewitter gibt es keinen gefährlicheren Platz als unter einem großen Baum. Und es gibt nichts Dümmeres, als unter einem „Nuklear-Regenschirm" Schutz zu suchen, er ist das erste Ziel im nächsten Krieg. Heute bestellen wir die Erde unter diesem dunklen Schirm. Ich habe das Gefühl, als ob sich sowohl von innen als auch von außen eine Krise nähert.

Werft die Vorstellungen von innen und außen von Euch. Die Bauern auf der ganzen Welt sind eigentlich die gleichen Bauern. Laßt uns sagen, daß der Schlüssel zum Frieden der Erde nah liegt.

Die Revolution des Strohhalms

Unter den jungen Leuten, die zu mir in die Berghütten kommen, gibt es welche, die krank an Körper und Geist sind, die alle Hoffnungen aufgegeben haben. Ich bin ein alter Bauer, der sich grämt, daß er sie nicht einmal mit einem paar Sandalen versorgen kann - aber es gibt eine Sache, die ich ihnen geben *kann*, einen Strohhalm.

Ich hob einen Halm vor der Hütte auf und sagte: „Dieser eine Strohhalm kann eine Revolution auslösen." „Angesichts der nahenden Vernichtung der Menschheit können Sie sich hoffnungsvoll an einen Strohhalm klammern?" sagte ein Jugendlicher mit einem Anflug von Bitterkeit in der Stimme.

135

Der Halm scheint leicht und klein, und die meisten Leute wissen nicht, wie schwer er wirklich ist. Wüßten die Menschen vom wahren Wert dieses Strohs, könnte eine Revolution entstehen, die machtvoll genug wäre, um das Land und die Welt zu bewegen.

Als ich ein Kind war, gab es einen Mann, der beim Inuyose-Paß lebte. Alles, was er zu tun schien, war Holzkohle auf dem Pferderücken etwa drei Kilometer weit von der Bergspitze bis zum Hafen Gunchu zu bringen. Und doch wurde er reich. Wenn man fragt, wie, erzählen die Leute, daß er auf seinem Heimweg das weggeworfene Stroh und den Pferdemist vom Straßenrand sammelte und es auf seinem Feld verteilte. Sein Motto war: „Behandele einen Strohhalm als etwas Wichtiges, und mache nie einen nutzlosen Schritt." Das machte ihn zu einem wohlhabenden Mann.

„Selbst wenn Sie das Stroh anzünden würden, glaube ich nicht, daß ein Funke entstehen könnte, der eine Revolution entfacht."

Eine sanfte Brise rauschte durch den Obstgarten, Sonnenlicht flimmerte zwischen den grünen Blättern. Ich fing an, über den Gebrauch von Stroh beim Reisanbau zu sprechen.

Es ist beinahe 40 Jahre her, seit ich erkannte, wie wichtig Stroh beim Anbau von Reis und Gerste sein kann. Zu jener Zeit, als ich an einem alten Reisfeld in der Präfektur Kochi vorbeiging, das viele Jahre ungenutzt und unbearbeitet geblieben war, sah ich gesunden jungen Reis durch ein Gewirr von Unkraut und Stroh hervorsprießen, das sich auf der Feldoberfläche gebildet hatte. Ich arbeitete viele Jahre an den Schlußfolgerungen aus meinen Beobachtungen, und ich wurde durch die Entwicklung einer völlig neuen Methode des Reis- und Gerstenanbaus bekannt.

Da ich glaube, daß dies eine natürliche und revolutionäre Anbauweise ist, schrieb ich darüber in Büchern und Zeitschriften und sprach einige Male in Fernsehen und Radio.

Es ist eine einfache Sache, aber die Bauern sind in ihren Ansichten darüber, wie Stroh benutzt werden sollte, so starr, daß es unwahrscheinlich ist, daß sie schnell Veränderungen annehmen. Es kann gefährlich sein, frisches Stroh auf dem Feld auszustreuen, denn Reis-Mehltau und Stammfäule sind Krankheiten, die in Reisstroh immer vorhanden sind. In der Vergangenheit haben diese Krankheiten große Schäden verursacht, und das ist einer der Hauptgründe, warum die Bauern das Stroh immer zu Kompost verarbeiten, bevor sie es zurück auf das Feld geben. Vor langer Zeit wurde der sorgfältige Gebrauch von Reisstroh allgemein als Gegenmaßnahme gegen Mehltau praktiziert, und es gab auch Zeiten in Hokkaido, wo das Verbrennen des Strohs gesetzlich vorgeschrieben war.

Auch Stammbohrer dringen ins Stroh ein, um darin zu über-
wintern. Um eine Plage zu verhindern, pflegten die Bauern das
Stroh den Winter über sorgfältig zu kompostieren, um sicher zu gehen, daß es bis zum nächsten Frühjahr völlig zersetzt war. Darum
haben japanische Bauern ihre Felder immer so hübsch und ordentlich gehalten. Es gehörte zum Alltagswissen, daß der Bauer, wenn
er Stroh herumliegen ließ, vom Himmel für seine Nachlässigkeit be-
straft werden würde.

Nach Jahren des Experimentierens haben auch Fachleute meine
Theorie bestätigt, daß es völlig sicher ist, sechs Monate vor der
Aussaat frisches Stroh auf dem Feld zu verteilen. Das hat alle bisherigen Vorstellungen über dieses Thema widerlegt. Es wird aber
noch eine Weile dauern, bis die Bauern Stroh auf diese Weise verwenden.

Bauern haben Jahrhunderte daran gearbeitet, die Produktion von
Kompost zu steigern. Das Ministerium für Landwirtschaft pflegte
Subventionen zu zahlen, um die Kompostproduktion zu fördern,
und alljährlich wurden Kompostwettbewerbe abgehalten. Die Bauern glaubten an den Kompost, als sei er die Schutzgottheit der Erde.
Nun gibt es wieder eine Bewegung für mehr Kompost, „besseren"
Kompost, mit Regenwürmern und „Kompoststartern". Es steht nicht
zu erwarten, daß dies - frisches, unzerkleinertes Stroh auf den Feldern auszubreiten - ohne weiteres akzeptiert wird.

Als ich nach Tokio reiste und aus dem Zugfenster sah, habe ich
die Verwandlung der japanischen Landschaft gesehen. Wenn ich auf
die Winterfelder schaue, deren Aussehen sich in zehn Jahren völlig
verändert hat, fühle ich einen unbeschreiblichen Zorn. Die Landschaft von früher, hübsche Felder mit grüner Gerste, chinesischer
Wicke und blühendem Raps ist nirgendwo mehr zu sehen. Stattdessen wird halbverbranntes Stroh grob auf Haufen getürmt und dem
Regen ausgesetzt. Daß dieses Stroh vernachlässigt wird, ist der Beweis für den Zerfall der modernen Landwirtschaft. Die Dürftigkeit
dieser Felder offenbart die Dürftigkeit des Geistes der Bauern. Sie
fordert die Verantwortlichkeit der Regierung heraus und zeigt klar
das Fehlen einer weisen Landwirtschaftspolitik. Der Mann, der vor
mehreren Jahren über den „Gnadentod" für den Anbau von Wintergetreide sprach, von seinem „stillen Abgang" - was denkt er heute,
wenn er diese leeren Felder sieht? Ich kann nicht länger ruhig bleiben, wenn ich die unfruchtbaren Felder im winterlichen Japan sehe.
Mit diesem Halm werde ich allein die Revolution beginnen!

Die jungen Leute, die still zugehört hatten, brüllten nun vor Lachen.

„Eine Ein-Mann-Revolution! Morgen nehmen wir einen großen Sack voll Gerste-, Reis- und Kleesamen und brechen auf und tragen ihn über unseren Schultern, wie Okuninushi-no-mikoto (der legendäre japanische Gott der Heilkunst, der herumreist und Glück aus dem großen Sack herausschüttelt, den er über seiner Schulter trägt) und verstreuen die Samen auf allen Feldern von Tokaido."

„Das ist keine *Ein-Mann-Revolution*", lachte ich, „es ist eine *Ein-Halm-Revolution!*"

Als ich aus der Hütte in die Nachmittagssonne hinaustrat, hielt ich einen Moment inne und schaute über die umstehenden, mit reifen Früchten beladenen Obstbäume und auf die Hühner, die im Unkraut und im Klee scharrten. Dann begann ich meinen vertrauten Abstieg zu den Feldern.

138

Über den Autor

Masanobu Fukuoka, 1914 in einem kleinen Dorf auf der Insel Shikoku in Südjapan geboren, machte im Anschluß an seine Schulzeit eine Ausbildung als Pflanzenpathologe. Er bekam eine Stelle als Zollinspektor im Hafen von Yokohama. Seine Aufgabe war, die Pflanzen zur Ein- und Ausfuhr auf mögliche Krankheiten hin zu untersuchen.

Sein Leben änderte sich radikal, als ihn - er war 25 Jahre alt - Zweifel überkamen. Er stellte alles in Frage, was er über die „Segnungen" der modernen Wissenschaft gelernt hatte. Er erkannte, daß sich der Mensch mit all seinen erworbenen Kenntnissen angesichts der Natur, die absolut ist, nicht als Wissender und Herrscher über die Natur begreifen darf und daß die „Errungenschaften" der Zivilisation bedeutungslos sind.

Er begann, ein einfaches Leben als Bauer zu führen und natürliche Landwirtschaft zu betreiben, im sicheren Vertrauen darauf, daß nur die Natur den wahren Weg kennt.

Seinem ersten Buch „Der große Weg hat kein Tor" folgte sein zweibändiges Hauptwerk „Rückkehr zur Natur" und „In Harmonie mit der Natur". Sein bisher letztes Buch erschien unter dem Titel „Die Suche nach dem verlorenen Paradies" ebenfalls im pala-verlag.

Heute lebt Masanobu Fukuoka zurückgezogen auf seinem natürlichen Hof in Japan.

Von der Natur lernen, sie möglichst wenig stören, nur durch kleine gezielte Eingriffe beeinflussen, das ist der Weg von Masanobu Fukuoka. Er hat seine Vorstellungen des natürlichen Anbaus mit der „Nichts-Tun"-Landwirtschaft in Japan realisiert und zeigt, daß jeder diesen Weg gehen kann.

Masanobu Fukuoka:
Die Suche nach dem
verlorenen Paradies
192 Seiten, 29,80 DM,
ISBN: 3-923176-63-5

Masanobu Fukuoka:
Rückkehr zur Natur
160 Seiten, 19, 80 DM,
ISBN: 3-923176-46-5

Masanobu Fukuoka:
In Harmonie mit der Natur
160 Seiten, 19, 80 DM,
ISBN: 3-923176-47-3

pala-verlag

Permakultur (von permanent agriculture) ist eine Form der Landwirtschaft, die versucht, natürliche Kreisläufe nachzuempfinden. Ein integriertes, sich selbst erhaltendes System aus Pflanzen und Tieren. Für die Entwicklung dieses Systems erhielt Bill Mollison den „alternativen Nobelpreis".

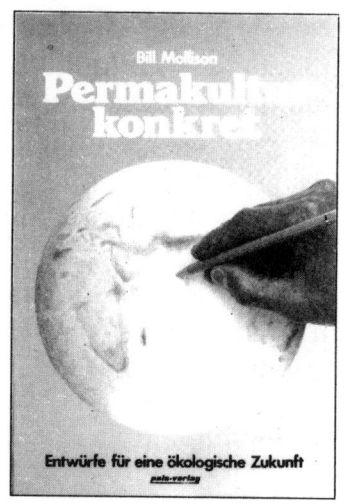

Bill Mollison:
Permakultur konkret
144 Seiten, 19, 80 DM,
ISBN: 3-923176-60-0

Mollison / Holmgren:
Permakultur I
144 Seiten, 19, 80 DM,
ISBN: 3-923176-04-x

Bill Mollison:
Permakultur II
144 Seiten, 19, 80 DM,
ISBN: 3-923176-05-8

pala-verlag

Wolfgang Hertling:
Kochen mit Hirse
144 Seiten, 9,80 DM,
ISBN: 3-923176-50-3

Jutta Grimm:
Brotaufstriche
144 Seiten, 9,80 DM,
ISBN: 3-923176-65-1

Anemette Olesen:
Das Kohlkochbuch
128 Seiten, 9,80 DM
ISBN: 3-923176-62-7

Alexander Nabben:
Sojaküche
144 Seiten, 9,80 DM,
ISBN: 3-923176-35-x

pala-verlag

Rolf Goetz:
Naturkost I
176 Seiten, 9,80 DM,
ISBN: 3-923176-39-2

Rolf Goetz:
Naturkost II
176 Seiten, 9,80 DM,
ISBN: 3-923176-40-6

Rolf Goetz:
Einfach anders essen
160 Seiten, 9,80 DM,
ISBN: 3-923176-21-x

Rolf Goetz:
Andere Ernährung
128 Seiten, 9,80 DM,
ISBN: 3-923176-58-9

pala-verlag